Jean-Pierre Roirand

Pris en flagrant Delhi

ISBN 978-1-4461-7794-5
JPR Éditeur

7 avril 2010

Ouf ! Nous sommes en Inde et pas sans mal...

Voyage en avion sans problème, mais avec deux escales. La première à Rome. Me revoici à l'aéroport Leonardo Da Vinci de Fiumicino où, en juillet 2008, j'ai retrouvé Carla, la pèlerine italienne rencontrée sur le Chemin de Compostelle. Il n'y a pas de hasard... ou si peu ! Une autre à Koweït City. Petite faim que le repas hindou dans l'avion n'a pas calmée, mais la découverte d'un Pizza Hut hallal nous permet d'y remédier rapidement après un passage au distributeur de billets où je retire vingt dinars. L'agent de change qui se trouve à côté nous renseigne. Ça correspond à cinquante euros environ... Mazette ! Je pense à cette vilaine blague raciste (ou antiraciste si on la comprend au second degré) : « c'est quoi la différence entre un émir et un bougnoule ? Le compte en banque... » Nous avons peu dormi les deux nuits qui ont précédé le départ. Réveillés à quatre heures du matin, nous avons bu un café qui ne favorisera pas notre sommeil dans les airs. Le taxi est arrivé à six heures quinze comme prévu. J'ai trouvé que la petite dame qui était au volant avait une manière un peu bizarre de se rendre à Roissy-Charles-de-Gaulle, mais bon ! Nous sommes arrivés à sept heures. La course nous a coûté quatre-vingts euros au lieu des soixante habituels. Je me suis dit alors que les arnaques ne faisaient que commencer... La suite prouvera que j'avais vu juste !

Nous arrivons à Delhi à dix heures quarante le lendemain. Il est six heures dix à Paris. Les formalités accomplies, nous sortons de l'aérogare et sommes accueillis par des chiens en manque de maîtres. Je comprendrai bien vite qu'ils étaient surtout en manque de nourriture. En voilà quelques uns, au moins, qui font la fête aux touristes. Bientôt, nous allons faire la connaissance d'une autre espèce qui nous fera « notre » fête... Joli comité d'accueil !

Nous abordons un rickshaw[1]. Trop cher pour nous ! Un autre nous accoste et nous annonce le prix de la course à moitié prix du précédent. Banco ! A l'arrivée, il nous apprend que ce prix s'entend pour une personne et qu'il faut donc le multiplier par deux. Le tarif annoncé par l'autre, c'était peut-être tout compris... Nous cherchons à rejoindre la New Delhi Railway Station pour nous rendre à Haridwar puis Rishikesh et remonter jusqu'aux sources du Gange. Enfin, c'était mon idée, mais elle semblait satisfaire Christine...

Après ce petit trajet à bord d'une pétrolette qui nous a permis, non sans frayeur, de faire connaissance avec les horreurs de la circulation routière en Inde, nous arrivons sains et saufs... mais pas à la bonne gare. Nous abordons un autre rickshaw pour rectifier le tir. Le premier nous ayant lâchés au plus près de ce qui lui permettait de rentabiliser au mieux le prix de sa course.

1 Petit véhicule dont l'ancêtre pourrait bien être la chaise à porteur qui, muni de roues et motorisé ou non, n'est pas sans rappeler le pousse-pousse ou la « vinaigrette » du dix-septième siècle ainsi nommée parce qu'elle ressemblait aux petites voitures utilisées par les vinaigriers.

Nous sommes enfin au bon endroit et je m'autorise à penser que nos ennuis sont terminés. Un homme (je comprendrai bientôt que c'était un rabatteur) nous accoste et nous dit qu'il est indispensable de réserver. Nouveau rickshaw qui nous dépose devant une agence. Le type qui nous reçoit me fait l'effet d'un maquereau (pas le poisson, l'autre). Le genre de type à qui n'importe quel flic aurait une furieuse envie de passer les menottes ! Dans ses yeux, il y a des roupies à la place des pupilles... Il nous annonce qu'il n'y a pas de train pour Haridwar avant le 28 avril pour cause de Kumbh Mela, le pèlerinage des Hindous aux sources du Gange. C'est justement à ces festivités que nous aurions voulu assister, mais notre interlocuteur ne l'entend pas de cette oreille. Après tout, nous ne sommes pas hindous et il n'est pas possible de se convertir à l'hindouisme, pas dans cette vie-ci, en tout cas. Je nous vois mal passer trois semaines à Delhi à tuer le temps en jouant à se faire écraser par les chauffards locaux ou à écouter ce concert de klaxons épouvantable et interminable qui pollue l'air au même titre que les gaz d'échappement. Nous avons la bouche sèche. On nous propose un « tea chaï », le premier d'une longue série ! C'est la première bonne chose qui nous arrive depuis notre départ. Moi qui ne suis pas amateur de thé, je vais vite devenir un fan de ce breuvage. Pas de transport pour Haridwar... Aride war : guerre aride. Ces deux mots me font penser que ce choix n'était pas le bon. Combat stérile ! Nous nous battons contre des moulins... à paroles.

On nous fait d'autres propositions toutes plus farfelues et moins alléchantes les unes que les autres qui montrent bien que nous sommes pris pour des abrutis de touristes tout juste bons à être pressés comme des citrons... Nous sommes épuisés par deux nuits blanches arrosées de café noir. Alors, tout est gris et le moral est de plus en plus sombre. Une brusque envie de repartir me monte à la tête. Christine aussi, sans doute. Delhi n'est pas Compostelle et l'Inde n'est pas un pays européen. C'est un pays pauvre où tout est bon pour se faire un peu d'argent. Moi qui ai la tête dans les étoiles et pas toujours les pieds sur terre (du moins, c'est ce que dit Christine), j'ai du mal. Heureusement que j'ai ma prise de terre avec moi. Nous n'avons qu'une envie : dormir. C'est d'ailleurs par ça que nous aurions dû commencer pour prendre une décision après avoir récupéré. Je me sens prisonnier dans ce bureau que j'ai envie de fuir comme si je me trouvais dans un poste de police et qu'on allait me passer à tabac. Agacé, par ce harcèlement tant moral que commercial, je me lève pour prendre mon sac, mais Christine ne suit pas le mouvement. Trop fatiguée sans doute... Nous optons pour un tour du Rajasthan à cinq cent cinquante euros. En temps normal, nous aurions hurlé, mais là, nous acceptons de guerre lasse et du fait de l'épuisement. Trop tard ! La bêtise est faite. Les regrets qui vont suivre ne changeront rien. Il aurait été si simple de suivre notre première idée qui était de dormir à Delhi, mais à l'arrivée, nous avions envie de fuir cette ville polluée et surchauffée qui nous mettait mal à l'aise...

Et puis, les horaires de notre avion ont été modifiés. Nous sommes arrivés le matin au lieu d'arriver le soir... Nous pensions avoir assez d'énergie pour continuer. Nous en avions juste assez pour commettre l'irréparable erreur, celle qui allait nous plonger dans les ennuis... Le décalage horaire aidant, nous avons le moral dans les chaussettes quand nous montons dans la voiture qui nous emmène à Mandawa. Nous allons commencer notre périple en Inde par le Rajasthan alors que nous avions prévu de finir par là. Nous faisons connaissance avec Adji, notre chauffeur. Nous comprenons bien vite que son idée est de nous emmener dans les hôtels qu'il connaît, et qui ne sont pas forcément les moins chers, pour toucher sa commission. Nous tentons de lui faire comprendre que nous ne sommes pas des Américains bardés de dollars, mais des petits Français avec quelques euros. Lui, il s'en fout, il veut son blé ! Comme de bien entendu, tel le carrosse de Cendrillon et sans attendre minuit, le minibus promis s'est transformé en voiture particulière sans climatisation, sans air conditionné et avec moins d'espace... forcément. Arrivés à Mandawa, nous lui demandons de nous déposer au Shakawati Hôtel, le moins cher selon le guide du routard et pas forcément le pire. L'hôtel est beau, décoré comme les havelis, ces somptueuses demeures dont les images peintes racontent le périple de leurs heureux propriétaires, un peu à la manière d'une bande dessinée, un peu comme les vitraux de nos cathédrales européennes, mais il est vrai que les dessins indiens sont moins austères.

Ici, les gamins ne sont pas farouches, c'est le moins qu'on puisse dire. Ils me sourient et me saluent d'un « hello ! » bien international. French ? Yèsse ! (Ça se voit donc tant que ça ?) What town ? What's your name ? Ils veulent tous me faire visiter la ville pour gagner quelques roupies. J'essaie de les décourager, mais l'un d'eux s'incruste et s'ingénie à me montrer des scènes de « goulou-goulou » (sic). Ce n'est pas trop ma tasse de thé car pour ces choses-là, je préfère être acteur que spectateur, mais je suppose que d'autres en sont friands. C'est la fatigue qui a le dernier mot. Je rejoins Christine qui n'en pouvait plus et qui est restée à l'hôtel.

Nous sommes tellement épuisés que nous ne parvenons pas à nous endormir. Ce n'est pas le grand confort, ce n'est pas le luxe. Nous ne sommes pas dans un cinq étoiles, mais j'aime bien ces murs peints par des artistes de passage. Beaucoup de représentations de Krishna reconnaissable à sa couleur bleue (le fameux bleu-lavande qui recouvre les murs des maisons des villes qui lui sont dédiées). Même tout petit, il est tout bleu, même lorsqu'il est accompagné de sa maman que cela ne semble pas inquiéter plus que ça et qui lui tire l'oreille. C'est rassurant : on peut être un petit dieu et continuer, tout de même, à faire des bêtises... C'est même plutôt encourageant... Enfin, on ne sait pas si ce sont des bêtises ou, tout au plus, des choses qui déplaisent... à l'autorité maternelle, genre : « Krishounet, cesse de faire le malin avec tes miracles, ça commence à m'agacer... »

Un escalier qui escalade, une coursive qui court, un couloir qui coule, un corridor qui « corride » le long des chambres...

Devant la nôtre, il y a une petite table avec deux chaises. C'est accueillant, ça donne envie de se poser et d'attendre les boissons fraîches... qui n'arrivent pas ou qui arrivent tièdes... ou bien, elles arrivent et vous êtes déjà partis, je ne sais plus. Je n'ai pas la patience d'attendre car mon lit et ma petite femme m'attendent à l'intérieur. Le lit n'est pas bien net, mais qu'à cela ne tienne, nous avons nos « sacs à viande » en soie, à la fois frais et doux. J'utilise cette solution de couchage depuis des années et je n'ai jamais eu ni trop chaud ni trop froid, depuis. Ma foi, c'est isotherme, la soie ! C'est vrai que ça ressemble à un linceul, mais le pire c'est son appellation qui me rappelle l'affreuse expression : « mettre la viande dans le torchon » La chambre est équipée d'un ventilateur qui, à défaut de fraîcheur, fait circuler un peu d'air, presque une illusion avec cette température incroyablement élevée. Au plafond, sous le ventilateur, il y a une petite fresque joliment peinte. Il s'agit d'un mandala, figure géométrique destinée à vous faire entrer en méditation, mais cela ressemble surtout à une invitation à se fondre dans les méandres du dessin comme pour une séance d'hypnotisme. Compte tenu de la chaleur ambiante et malgré le ventilateur qui fait ce qu'il peut, on n'a pas vraiment envie de faire autre chose que méditer, même si cela est démenti par la décoration des murs ornés de peintures très érotiques et plutôt humoristiques.

Rire, sourire, misère... Ce cocktail un peu amer, c'est l'Inde, pas celle qu'on raconte dans la légende dorée, celle que vivent les Indiens qui voudraient faire croire aux touristes que... Je pense à « ces gens-là », la belle chanson de Jacques Brel : « faut pas jouer les riches quand on n'a pas le sou... »

Oh ! Ce n'est pas de la pornographie, loin s'en faut, mais c'est très suggestif, c'est le moins qu'on puisse en dire.

L'une d'elles attire mon regard et je me dis que la belle bien souriante est en train de se faire trousser par un goujat lorsque je vois qu'en pleine action, il n'a même pas pris la peine de retirer ses chaussures ! La belle est à moitié nue, mais l'homme est encore habillé. Par pudeur ? Sans doute...

Moi, ça me paraît tout de même un peu macho de voir ce lascar, un « saigneur » du temps jadis, prêt à rengainer son matériel à faire l'amour pour pouvoir dégainer plus vite son matériel à faire la guerre.

Oui, je sais bien, on me l'a déjà dit : les Indiens sont pudiques, mais ils ne l'ont peut-être pas toujours été si j'en juge d'après la réputation du célèbre temple de Khajuraho, bien connu pour ses sculptures du même métal. Beaucoup d'Occidentaux s'y précipitent dans l'espoir d'y découvrir les secrets du Kama-Sutra ou de redonner un nouvel élan à leur couple vacillant ou par voyeurisme, je ne sais.

Quoi qu'il en soit, les statues érotiques de ce temple ne constituent que cinq pour cent de la totalité des sculptures qui s'y trouvent.

Décevant, non ?

Pour nous, ça va, notre quête est spirituelle, pas sexuelle...

Nous serions sans doute plus à l'aise dans un ashram, mais, là non plus, ce ne sont pas les occasions de se faire avoir qui font défaut. Vous êtes livré à vous-même ou vous tombez sur un gourou qui se prend pour un... gourou ! Dans tous les cas, l'affaire est juteuse pour les uns, désastreuse pour les autres et l'avancée spirituelle n'est pas forcément au rendez-vous... L'illumination n'est pas encore vendue en kit et le service après-vente n'est pas assuré et, serais-je tenté de dire, en Inde sans doute moins qu'ailleurs.

Ah, ce n'est pas facile de devenir un bouddha ! Quant au Nirvana, y parvenir par une température qui avoisine les cinquante degrés, rien que d'y penser, ça fait forcément perdre un peu les pédales...

Atteindre le non-désir quand on meurt de soif et de chaud, c'est loin d'être évident pour tout le monde et en tout cas, ça ne l'est pas pour moi.

8 avril 2010

La douche du matin achève de nous remettre sur pieds. Christine a la bonne idée de dire qu'il nous faut retirer nos lunettes noires et nous nous préparons pour le breakfast. Nous sommes sur la terrasse de l'hôtel où il ne fait pas encore trop chaud. Le paysage alentour me rappelle les toits de Marrakech qui s'élèvent d'un niveau à chaque naissance. J'avale une omelette qui doit être une lointaine réminiscence de l'occupation anglaise. Quant au beurre, il ressemble à de la graisse qu'on aurait mise au réfrigérateur. Je goûte. Je confirme. Aucune vache, sacrée ou non, ne peut être incriminée pour le goût atroce de cette matière qui ne mérite pas le doux nom de beurre et qui ne ressemble à rien sinon à du gras. Le tea tchaï, quant à lui, est tout à fait convenable. Nous nous efforçons d'avaler nos toasts dans le but de garnir nos estomacs qui n'ont rien reçu depuis la lointaine pizza hallal de Koweït City... Un bien vieux souvenir ! Ici les menus sont veg ou non-veg : végétariens ou pas. Le petit déjeuner avalé, nous voici requinqués. Nous demandons une bouteille de « cold water » et celle qu'on nous apporte est à peine tiède. La bouteille est vieille et sale et le bouchon n'oppose aucune résistance à l'ouverture. De toute évidence, elle a été remplie au robinet et mise au frigo depuis peu. Nous avons toutes les peines du monde à nous faire entendre, mais le patron appelé par le serveur finit par repartir avec sa bouteille.

Nouvelle balade dans Mandawa avec Christine, cette fois. Photos, soleil, chaleur, eau fraîche en bouteille neuve. Tout va bien ! Nous rentrons à l'hôtel. Notre chauffeur est là. Il est onze heures. Nous repartons. Nous traversons des petites villes et leurs embouteillages de camions et de rickshaws. Au carrefour de l'une d'elles, un policier condescend à braver la chaleur et se lève de sa chaise pour expliquer à un chauffeur la manœuvre à effectuer pour dégager le carrefour.

Ouf, ça se décante enfin !

Un policier efficace en plein travail, c'est toujours impressionnant...

Nous traversons des terres arides vers Bikaner, notre prochaine destination. Le paysage est monotone. La chaleur nous empêche de sombrer dans le sommeil, mais nos têtes roulent de droite et de gauche sous l'effet de la fatigue et des aléas de la route

De la terre recouverte de sable et des arbres qui sont les seuls à donner à cet endroit une impression de vie potentielle. Je me demande pourquoi on nous a tant vanté cette région. Il est vrai que beaucoup de gens la traverse en car climatisé et à une époque de l'année plus clémente au niveau de la température.

9 avril 2010

Nous arrivons à Bikaner après quatre heures de route dans une chaleur épouvantable. Nous apprendrons plus tard qu'ici, le mercure a atteint les 47°C ces jours-ci. Adji nous dépose à l'hôtel qu'il nous a choisi. Nous voulons lui laisser une chance. L'employé nous réclame deux mille roupies, puis mille parce que « c'est nous », puis plus rien parce que nous sommes déjà repartis... En maugréant, Adji accepte de mauvaise grâce de nous déposer à la « Green Villa » que nous avons repérée dans le guide du routard et dont les prix nous paraissent raisonnables. C'est un bien charmant couple qui nous reçoit et leur accueil est chaleureux, presque familial. Il ne nous en coûtera que trois cent quatre-vingt-dix roupies soit un peu plus de quarante francs ou six euros. Nous visitons la chambre avec douche chaude et toilettes. Nous somme conquis et nous scellons notre accord en l'arrosant d'un « tea chaï » Le lendemain, en réglant la note, je serai un peu surpris en m'apercevant que ce thé nous a été facturé, certes pas bien cher, mais je suis bien obligé de constater que nous, les Européens, sommes un peu trop habitués au petit-déjeuner ou à l'apéritif d'accueil partout où nous allons. Je donne congé à notre chauffeur qui fait la tête. « Adieu veau, vache, cochon, couvée... »

Mais, c'est qu'il faut se battre ici pour faire valoir ses droits...

Il est temps de cesser de nous prendre pour des imbéciles ou des citrons que l'on presse jusqu'à ce qu'il n'y ait plus de jus. Nous sympathisons avec nos hôtes. Les guesthouses permettent de faire connaissance avec des Indiens qui ne s'intéressent pas qu'à l'argent que les touristes sont susceptibles de leur rapporter. Ça fait du bien d'être accueilli avec un sourire presque désintéressé ! Il faut dire que les responsables de la Green Villa ont l'habitude des Occidentaux. Leur livre d'or est rempli d'appréciations élogieuses en français et en anglais. Parmi les auteurs, quelques Canadiens.

Visite de Bikaner, son marché, ses boutiques, ses vaches sacrées... et ses sacrées vaches ! Nous entrons dans la forteresse, immense et monstrueuse, pour la visiter, mais le musée ne nous tente guère. Nous ressentons une sorte d'angoisse à l'idée de nous y enfermer. Peut-être bien que si nous avions la certitude que les locaux soient climatisés... En sortant, nous sommes surpris par cet océan de rickshaws aux toits jaunes dont les cabines sont peintes en noir : beurre tendre et café noir. Bon, voilà que la faim me fait délirer... Les rickshaws de Delhi, eux, étaient peints en jaune et vert : citron mûr et citron vert... ou menthe fraîche, c'est selon... selon les goûts de chacun.

Des couleurs rafraichissantes, certes mais qui n'ont pas calmé notre soif ni la souffrance consécutive à la température caniculaire.

Ils sont en stationnement et nous attendent... L'invincible armada des chauffeurs de rickshaws monte vers nous. Je traverse la rue pour prendre une photo et aussi, je peux bien l'avouer, pour leur fausser compagnie. Je n'ai pas vu la moto qui fonce sur moi. Le motard ne parvient pas à m'éviter et me heurte. Dans un réflexe, j'esquive et je limite les dégâts. Rien, pas une égratignure... Merci, Ganesh (le dieu de la route, des routiers et des routards, le « bison futé » local, si vous préférez, sauf que celui-ci, c'est un pachyderme) ! Je rejoins Christine en boitant un peu. Depuis le trottoir, elle n'a rien vu.

Nous sommes dans l'avenue principale de Bikaner. Il y a foule sur cette voie où il est absolument impossible de repérer la frontière entre la partie réservée aux piétons et celle qui est attribuée aux véhicules. Enfin, en principe, car les deux sont intimement mêlées. En fait, je me rends bien compte, et de plus en plus, qu'ici, ce genre de principes, on s'assoit un peu dessus.

Le racolage est incessant, celui des rickshaws, celui des commerçants qui interpellent les touristes pour les transformer en acheteurs. Tout passant est un client potentiel, mais les boutiques et leurs contenus font peur. On se demande un peu si on a une chance d'en sortir vivant si par malheur, on commet l'erreur d'y pénétrer.

Nous sommes épuisés et notre patience est soumise à rude épreuve. Un jeune homme s'approche de moi, me demande d'où je viens (encore !)... Le problème, c'est que je suis déjà obligé de faire un effort pour parvenir à m'en souvenir ! Il aime les Français, la France et Paris. Ça tombe bien, moi, j'aime bien les Indiens, mais là, maintenant, tout de suite, c'est le ras-le-bol qui domine tout le reste... Il me demande quelle est ma religion. Là, la fatigue et la faim aidant, je commence à en avoir plus qu'assez de ce genre d'interrogatoire qui, jusqu'à présent, a toujours été le prétexte des Indiens que nous avons rencontrés pour s'attaquer à nous et nous soulager de quelques roupies. De guerre lasse, je lui dis que je suis chrétien et il me répond qu'il connaît Jésus. Là, je suis un peu dubitatif, bien sûr, et je le regarde avec des points d'interrogation dans les yeux. Ai-je fait un si grand voyage dans l'espace et dans le temps ? Ou alors, il va m'emmener visiter une église transformée en fast-food ou voir un curé hippy de sa connaissance. En fait, il en a tout simplement entendu parler et il tient, probablement, à me faire part de sa culture universelle dans un esprit d'ouverture.

Cela m'arrivera encore de nombreuses fois de me montrer désagréable alors que le quidam était plein de bonnes intentions, mais il est bien difficile de faire le tri entre ceux qui sont honnêtes et ceux qui ne le sont pas dans un pays où les occasions de se faire arnaquer sont omniprésentes.

Nous nous asseyons pour manger, enfin... mais le menu ne nous parle pas. Et pour cause, c'est écrit en hindi et c'est donc incompréhensible pour nous ! Alors, nous demandons à voir les plats et nous choisissons quelques pois-chiches baignant dans une sauce très épicée que nous mélangeons avec du riz. Nous poussons les aliments avec un morceau de « nan » qui fait office de pain. Je me sers de ma main gauche, celle qui est réputée impure chez les Musulmans, mais comme les deux miennes sont sales et que je ne vois rien pour les laver... Il y a bien un petit quelque chose qui a dû ressembler à un lave-main dans une autre vie, mais il me donne à penser que ce serait prendre le risque qu'elles soient encore plus sales après. Je n'ose pas demander par crainte du regard de parfaite incompréhension que me lancent les autochtones dès que je pose une question. Gaspiller de l'eau en se lavant les mains leur apparaitrait sans doute comme un incongruité et je préfère me taire pour ne pas les choquer.

Nous repartons, un peu reposés et l'estomac plein. Je regrette de ne pas être resté à la « Green Villa » où nos hôtes nous avaient proposé de nous faire à dîner. Au moins, on aurait su ce qu'on mangeait...

Au coin d'une rue, je suis soudain scotché par le spectacle qui s'offre à nous. Là, ce n'est pas une escroquerie, mais une véritable féérie, un ravissement pour les yeux...

De la rue, grâce à une porte ouverte à double battant, nous avons une vue plongeante sur une grande salle située en contrebas. Là, ce n'est plus noir et jaune ni jaune et vert, c'est carrément un arc-en-ciel qui s'est dissous dans une mer de tissus aux couleurs chatoyantes. On ne voit même plus le fond sous l'écume épaisse de ses vagues multicolores. Les femmes qui sont là, elles-mêmes revêtues de leurs saris colorés, se disputent sans bruit les tissus les plus chamarrés. Petites touches bigarrées jouant une partition si fleurie, elles ne dénotent pas. Elles sont tellement concentrées qu'elles ne remarquent même pas cet homme qui prend une photo de leur marché aux tissus. Si, l'une d'entre elles est surprise par le flash de mon appareil. Pas de reproche dans son regard, seulement de la surprise. Je me dis que nous sommes bien bêtes, nous les hommes, de fuir lorsque nos épouses se mettent à « parler chiffons »

Les trajets en voiture nous épuisent et la chaleur n'arrange pas les choses. Christine ne va pas bien. Elle voit tout en noir et se dit prête à rentrer. Moi, je suis heureux ici, mais mon bonheur s'assombrit fortement à l'idée que Christine ne le partage pas. Nous ne sommes plus sur la même longueur d'onde et je le regrette. Mon beau ciel bleu se couvre soudain de gros nuages noirs. Moi qui ai compté les mois, puis les semaines, puis les jours qui nous séparaient du départ, j'ai un peu de mal à me faire à l'idée de précipiter notre retour, mais j'aime Christine et s'il faut en passer par là...

10 avril 2010

Après une route longue et difficile, nous arrivons à Jaisalmer située à trois cent vingt-huit kilomètres de Bikaner. Nous avons très envie de retourner dans une guesthouse car l'accueil de la veille nous a donné envie de renouveler l'expérience, mais Adji nous explique qu'à l'hôtel, il y a une chambre pour les chauffeurs. Son patron est un escroc, soit, mais nous sommes humains et nous ne lui voulons aucun mal. Nous acceptons de faire fi de l'ambiance chaleureuse de la veille pour l'accueil glacial de l'hôtel où il nous faut encore marchander. Cela agace Christine qui est de plus en plus mal. Je lui explique que c'est le pays qui veut ça et qu'elle n'y peut rien, mais je crois que cela la conforte dans son idée de repartir. Nous prenons une douche et nous sortons pour visiter la ville. La chaleur est étouffante. Christine s'arrête pour boire et se reposer un peu puis elle décide de faire demi-tour pour retourner à l'hôtel. Je lui propose de rester avec elle, mais elle me dit de continuer sans elle. Je comprends son besoin d'être seule même si cela me fait de la peine.

La ville est superbe et correspond bien à la description du guide du routard. Les havelis sont magnifiquement sculptées. C'est un régal pour les yeux et je regrette amèrement l'absence de ma compagne.

L'hôtel est situé dans un quartier de la ville où la mécanique est reine. Il y règne une odeur de cambouis, de graisse de moteur et d'essence. Le sol et les murs des boutiques sont noirs. Malgré tout, quelques cochons (eh oui, il y en a aussi dans un pays où l'Islam et l'Hindouisme se disputent l'hégémonie religieuse !) et quelques vaches sacrées trouvent leur pitance dans les tas d'immondices répandus sur la chaussée.

Ah, Jaisalmer ! Je ne savais pas en y arrivant que je me trouvais à la moitié de mon périple. J'avais la tête encore bien pleine de mes rêves d'expériences spirituelles. J'étais loin de me douter, à ce moment-là, que tout cela allait bientôt tourner à l'aigre. Je nourrissais en moi un énorme désir d'aller vers les autres, de leur tendre la main... Les deux hémisphères de mon cerveau me semblaient alors ne faire qu'un : ils n'étaient pas encore partagés entre « divers droites » et « gauche plurielle »

Je refais, comme dans un rêve, à l'heure où j'écris ces lignes, la visite de la forteresse. J'étais impressionné par la muraille de son enceinte dont certaines pierres disjointes semblaient prêtes à partir, comme expulsées de l'ensemble par le poids de toutes les autres. Cela me faisait penser à cette expérience que l'on fait avec une pile de pièces de monnaie lorsque l'on frappe avec une règle plate celle qui se trouve tout en bas sans en faire tomber aucune autre.

Pas de joints ! C'est empilé et ça tient tout seul... Les pierres s'emboitaient donc parfaitement à l'origine, œuvre d'artisans au fait de leur métier qui travaillaient pour un seigneur riche et puissant à une époque où l'on ne reconnaissait le droit à l'erreur à quiconque avait la chance de travailler pour un donneur d'ouvrage de cet acabit.

La montée était bien difficile du fait de la chaleur. Christine n'était pas avec moi, bien sûr. Comment aurait-elle pu, dans son état, la pauvrette, gravir les escaliers et parcourir ce chemin fait d'un mélange de cailloux et de poussière ? L'air surchauffé était irrespirable. Le ciel, pour une fois, était d'un bleu très pur. Les fumées, les vapeurs, les gaz d'échappement et tout qui contribue à le jaunir habituellement et perpétuellement, étaient probablement restés plus bas, au ras du sol. Mais, tout en haut, une route part du fort qui permet d'y accéder avec un véhicule à moteur. Nouvel assaut de rickshaws, bien sûr... C'est réglé comme du papier à musique !

Cela me rappelle une expérience vécue, il y à quelques années dans les environs d'Ollioules, dans le Var. Je montais, là aussi, sous un soleil de feu. Cela se passait par une belle après-midi d'été et je transpirais à grosses gouttes même si la température était loin d'atteindre celles que j'ai connues en Inde. Après quelques heures de marche et de grimpette, je me trouvais en haut d'une colline qui porte le nom édifiant et symbolique de « gros cerveau »

Depuis cet endroit élevé, ce belvédère, le panorama était magnifique. Là aussi, une route permettait d'y accéder et je me fis la promesse d'y revenir pour apprécier l'endroit avec un organisme moins fatigué. Je revins donc, en voiture, quelques jours plus tard, mais arrivé au sommet par la route, je me rendis compte que l'endroit était aménagé pour le tourisme à moteur et, cette foi-ci, je trouvai le paysage bien fade...

Bah oui, le panorama, c'est la récompense du marcheur et comme toute récompense, ça se mérite. La première fois, j'avais « payé » cette belle vue au prix de ma transpiration, mais la seconde, le résultat était à la hauteur du peu d'effort fourni: tout me paraissait au ras des pâquerettes.

Ce n'est pas tant le résultat qui compte que le travail accompli pour l'obtenir.

De marbre et de grès jaune... Ce sont les touches de couleur de ce tableau gravé sur le disque dur de ma mémoire depuis notre passage à Jaisalmer... Nous visitons l'un des deux temples jaïns de la ville qui sont ouverts au public. Je reste pantois devant ces images sculptées si belles, si merveilleuses qu'on les dirait vivantes. Magnifiques, elles le sont ! Il en émane une telle richesse, une telle fraîcheur qu'on a l'impression qu'elles ont été fabriquées la veille de notre visite.

Cette fraîcheur est encore plus tangible compte tenu de la chaleur ambiante. Je me souviens de m'être réfugié dans des cathédrales ou des églises en France et en Espagne pour obéir au simple désir bien païen d'échapper à la frappe chirurgicale (sans dégâts collatéraux !) d'un soleil de plomb qui dardait ses rayons comme des flèches de métal fondu. Ici, ce n'est pas possible. La chaleur est omniprésente car tout est ouvert. Ceci fait que le temple est baigné d'une demi-lumière et... c'est beau ! Aucune zone d'ombre... sitôt passée la quasi fouille à corps à laquelle on vous soumet à l'entrée pour détecter la présence d'une éventuelle caméra ou d'un téléphone mobile au cas où vous n'auriez pas payé votre droit à l'image... Non, le temple n'est pas climatisé, mais il n'en a nul besoin ! Les statues innombrables qui y sont exposées m'apparaissent maintenant comme des stalagmites qui se trouveraient là de toute éternité, finement ciselés comme par la chute de gouttes d'eau et d'acide sur des blocs de calcaire. Ces images de pierre sont si translucides que la lumière semble émaner d'elles.

Ah, que c'est beau ! Cette visite à elle seule justifie de prendre l'avion et d'endurer ce que nous avons enduré... Notre parcours initiatique se poursuit avec la visite non moins époustouflante de temples situés à l'extérieur de la ville. Là, autour de l'étang Gadi Sagar, véritable oasis au cœur du désert du Thar, quelques temples semblent trouver plaisir à jouer au jeu de la chandelle.

Je ne peux m'empêcher d'imaginer ce que devait être ce paysage à l'époque de sa magnificence... Pourquoi ne le ferais-je pas puisque l'évocation de ces images d'un bonheur passé me rend heureux ? J'imagine de belles processions avec des femmes vêtues de leurs plus beaux saris et accompagnées d'hommes, eux-mêmes bien mis dans leurs plus beaux atours. Tout un monde qui respire le bonheur et la richesse d'un monde révolu...

Cela fait trois ans, aux dires de nos amis de Bikaner, que la région n'a pas connu de mousson. L'arrivée de la saison des pluies est une telle joie, une telle fête pour eux, que l'on comprend pourquoi les Indiens du Rajasthan font grise mine malgré leur attitude affichée d'impassibilité. Quelle perte de revenus pour les cultivateurs locaux et même si les Musulmans affectent de clamer « Inch Allah ! », ils n'en pensent sans doute pas moins à leurs fins de mois difficiles, des fins de mois qui doivent commencer entre le premier et le cinq de chaque mois... Au centre, c'est maintenant une petite flaque qui subsiste et qui persiste à perpétuer l'image de ce que devait être ce plan d'eau. Autrefois, on devait y procéder aux ablutions, aux purifications rituelles avant la célébration des cérémonies. Aujourd'hui, quelques vaches sont les seules à pérenniser ce lointain souvenir des joies du bain sous un soleil de feu dont rien ne semble pouvoir empêcher l'invasion destructrice et inéluctable. Comme il m'est difficile de revenir à la triste réalité du quotidien !

Quoi, il n'y a donc plus que le bétail pour profiter des plaisirs de l'eau et de la joie des éclaboussures ?

Où sont donc les enfants et leurs rires qui savent si bien nous remplir d'un bonheur communicatif ?

Ils sont beaux ces temples qui font, aujourd'hui encore, la ronde autour de ce qui reste de l'étang de Gadi Sagar !

Ça et là, surgissent, comme les cactus du désert après l'ondée, quelques autels qui sont les timides vestiges d'une lointaine époque de lumière.

Christine est restée au bord et à l'ombre. Elle est assise sur les marches d'un escalier qui a cessé d'être gravi rituellement et s'est abîmée dans la contemplation d'une magnifique tapisserie ocre et bleue représentant Ganesh.

Je continue seul ma pérégrination. Je suis en train de faire ce pourquoi je suis venu, la raison profonde qui est mienne d'avoir entrepris ce voyage... J'ai pris soin de contourner l'étang dans le sens des aiguilles d'une montre, de manière dextrocentrique, c'est-à-dire dans le sens de la marche apparente du soleil, celui qui est réputé bénéfique, non par superstition, mais par respect pour les milliers de gens, mes sœurs et mes frères, qui l'ont fait avant moi. Je désire mettre mes pas dans les pas de ceux qui m'ont précédé ici.

Je suis persuadé et depuis fort longtemps que toutes les religions ont des racines communes. Elles ont aussi des mythes communs qui transparaissent dans ces temples construits par des hommes. De toute évidence, ces hommes-là communiquaient et on ne sait pas comment. Il suffit qu'un maître ait traversé l'Océan Indien, qu'un autre ait traversé la Méditerranée, pour que des « écoles » se soient formées un peu partout, mais ceci n'apparaît nulle part. Soyons clairs, ces écoles-là n'avaient pas pignon sur rue et n'avaient pas de fronton où écrire le célèbre et beau triptyque de la République. Ce genre d'école devait bien plutôt utiliser la bonne vieille méthode de maître à disciple... Oui, je sais, c'est un sujet qui étonne le néophyte aussi bien que le croyant et qui paraît enfoncer les portes ouvertes pour celui qui sait, mais je suis comme saint Thomas : j'ai besoin de vérifier. J'ai une petite pensée pour Viollet-le-Duc, le « grand architecte » du dix-neuvième siècle, qui s'est représenté sous les traits de cet apôtre, avec un salut compagnonnique, parmi les douze statues de bronze qui ornent le toit de la cathédrale de Notre-Dame de Paris. Il est aussi souvent représenté sur les ébrasements des portails. Muni de sa règle, il mesure. Il mesure tout : le mesurable comme l'incommensurable... Pour autant, je ne crois pas toujours ce que je vois (surtout pas à la télévision que je ne regarde jamais) et je ne vois pas toujours ce à quoi je crois. Par contre, je ne vois jamais nulle part l'œuvre du hasard et je n'y crois pas non plus.

Hasard ou coïncidence ? Non, symbole et signe !

Je chasse cette petite pointe d'amertume qui m'étreint soudain en me rappelant avoir vu des photos de ce temple à l'époque où il avait les pieds dans l'eau, à l'époque où la région jouissait encore des bienfaits de la mousson...

Et là... je suis récompensé de mes efforts, « je reçois mon salaire » comme disent mes camarades syndiqués...

Malgré la sécheresse, ce temple à toit plat soutenu par de fortes colonnes ressemble comme deux gouttes d'eau à la salle hypostyle du temple de Karnak, en Égypte, situé, comme lui, près d'un lac sacré... Bien sûr, il est plus petit et il n'est pas couvert d'hiéroglyphes, mais c'est le même en modèle réduit.

J'assiste, stupéfait, au jeu de l'ombre et de la lumière. Je suis pétrifié... comme si la pierre venait de se dissoudre dans mes veines.

Les ombres, ce sont nos obstacles, ceux qui empêchent la lumière de passer...

Ce sont aussi ceux qui nous empêchent d'avancer...

11 avril 2010

A notre demande, Adji nous dépose à la Sarvar Guesthouse de Jodhpur. Il fait grise mine, le garçon ! Je le comprends car il ne touchera pas sa commission ici. Nous, ça nous arrange car ce n'est pas le patron qui paye, bien évidemment, c'est le client. La chambre donne sur la terrasse et elle est équipée d'un « air cooler » qui rafraîchit (un peu) l'air ambiant. Personnel avenant, sympathique et... commercial car on pousse à la consommation, mais c'est de bonne guerre ! L'Inde est un pays où sévit la pauvreté et chacun se débrouille comme il peut pour tirer son épingle du jeu. Les enfants demandent de l'argent ou de les prendre en photo contre une petite pièce. Ils sont tout sourire et posent tous la même question :

- What's your name ?
- Where are you coming from ?

Christine les repousse d'un « stop it ! » catégorique...

La forteresse de Meranghar est impressionnante, mais je suis fatigué de ce qui sert à faire la guerre. Je préfère ce qui sert à relier les hommes au lieu de les diviser et ce qui sert à relier l'homme à lui-même : les temples. Et ils ne manquent pas ici ! Jodhpur, c'est la ville bleue. Beaucoup de murs de « maisons » sont peints en bleu lavande parce que cette cité est dédiée à Krishna, le petit Jésus des Hindous, dédicace qu'elle partage avec beaucoup d'autres. Très peu, finalement, sont dédiées à Vishnou.

En principe, notre prochaine étape est Ranakpur. Je me méfie de ce jeu de mot facile car j'y vois un signe. Je ne voudrais pas que Ranakpur devienne « arnaque pure » car il y a dans cette ville un temple jaïn à la sortie duquel les touristes sont rançonnés. Le temple est magnifique, c'est du moins ce que disent ceux qui en viennent. Christine va de plus en plus mal. La chaleur n'arrange pas ses crises d'angoisse. Je fais venir un médecin puis j'appelle le numéro d'assistance de sa mutuelle. Le malaise que je décris au médecin n'est pas une cause de rapatriement. Les crises d'angoisse et la tourista galopante ne figurent pas dans le manuel du parfait petit rapatrié sanitaire. Bah voyons, ce serait beaucoup trop simple ! Nous avons versé des arrhes pour la visite des villages vishnoïs des environs, mais Christine va trop mal pour faire cette sortie. Nous faisons un tour en ville et je la vois acheter des cadeaux pour les siens au risque d'alourdir son sac à un mois et demi du retour... Je reçois le message en pleine figure : dans sa tête, elle est déjà partie et déjà rentrée. Tout lui paraît puant, sale et poussiéreux. Les gens l'agacent. Notre chauffeur l'énerve. Il écoute sa radio à fond et cela met Christine hors d'elle. Sa conduite est celle d'un chauffard, c'est vrai, mais nous sommes en Inde : « the most crazy traffic in the world ! » Ici, tout le monde conduit au klaxon.

En Inde, la plus noble magnificence côtoie la misère la plus noire. Les senteurs de l'orient et les parfums des épices se mêlent aux plus viles odeurs.

Parfois, on croise un couple d'Européens : eau de toilette et après-rasage... Cela nous rappelle au bon souvenir d'une civilisation bien lointaine dont nous commencions à oublier jusqu'au bien-être le plus élémentaire.

Vaches sacrées et bouses de vache !

Tout ceci est enveloppé dans une atmosphère tenace d'immuabilité. On visite des forts ayant appartenu à des familles de riches et puissants maharajahs pour se retrouver confronté, à la sortie, à une cohorte de va-nu-pieds et de crève-la-faim qui déambulent la main tendue. C'est triste et ça fait mal, compte tenu de la moyenne d'âge peu élevée de la majorité des quémandeurs ! Tout ça fait immanquablement penser au célèbre tableau des mendiants de Pieter Bruegel.

L'histoire est un éternel recommencement, dit-on, mais là, on a le sentiment que rien n'a bougé depuis des millénaires malgré les progrès fulgurants de la technologie. Les téléphones mobiles et les ordinateurs sont là pour donner une fausse impression de modernisme et c'est tout !

Sacrée ou non, j'ai vu une vache qui gisait les quatre fers en l'air sur la route de ce matin. La voiture est-elle donc encore plus sacrée que la vache ? Le côté divin de la mécanique automobile m'échappe un peu, mais bon...

Christine est à bout de forces et à bout de nerfs. Je ne suis pas sûr que le fait d'avoir reçu un coup de corne et d'avoir marché dans une bouse ait arrangé son état malgré tous les efforts qu'elle fait pour garder le sourire. Elle ne parvient plus à s'exprimer en anglais et même la conversion francs/euros si pratique pour calculer l'équivalence d'un prix en roupies est au-dessus de ses moyens mentaux. A sa demande, je me connecte à Internet pour lui prendre un billet d'avion au départ de Jodhpur. Faute de matériel adéquat, je ne peux imprimer le billet.

Le lendemain, à l'aéroport de Jodhpur, tout devient surréaliste car son nom n'est pas sur la liste des passagers. Le billet a été établi à mon nom et je suis cependant sûr et certain de ne pas m'être trompé. De retour à la guesthouse, je réitère ma demande et le même phénomène se reproduit. Lorsque je clique dans la case où l'on doit entrer le nom du passager, c'est bien celui de Christine qui s'affiche. Le diable est dans les détails, « dans les joints » disait-on au Moyen Age ! J'ai maintenant le sentiment que l'Inde refuse de la laisser partir et que c'est moi qui devrais m'en aller. J'en ai eu la tentation à l'aéroport car je suis las de constater que tout va mal depuis que nous sommes ici. C'était si simple avec un billet à mon nom ! Je sautais dans l'avion et le lendemain, j'étais à Paris. Mais Christine est là, à côté de moi et je ne peux, ni ne veux l'abandonner, d'autant plus que son état a encore empiré.

La séance de l'aéroport a eu un effet catastrophique sur mon moral, alors sur le sien, je n'ose même pas y penser ! La voir si mal me fait de la peine. Je voudrais avoir l'air solide pour la rassurer, mais je sens que tout en moi commence à vaciller et à partir en vrille. L'état de ma dulcinée, sa détresse, ses larmes me font mal.

Je voudrais ne jamais être parti...

Je voudrais surtout ne jamais être venu ici...

14 avril 2010

En désespoir de cause, nous rentrons à Delhi. Je nourris en moi le secret espoir que Christine me demande de rentrer avec elle, mais il passe très vite à la trappe. Elle a envie d'être seule et qu'on lui foute la paix. Je comprends. J'ai une petite pensée pour Mélanie, sa fille, qui m'a dit avant de partir : « Je te plains, tu vas en chier ! » J'ai cru, sur le moment, qu'elle faisait allusion à la température ou au mode de vie indien, mais pourquoi aurait-elle dit « tu » et non « vous » ? Ce que je ne sais pas, à cet instant précis, c'est ce qui m'attend après le départ de Christine. Le terme « en chier » était bien au-dessous de la réalité...

Je ne verrai pas les autres merveilles prévues dans notre tour du Rajasthan : Ranakpur, Udaïpur, Pushkar, Jaïpur, Barathpur et Agra. Je ne verrais pas le Taj Mahal si touristique et si emblématique de l'Inde. Temple édifié à l'amour ! Dans l'état actuel des choses, ça ne me pèse pas trop. Le temple de l'amour sans l'amour, à quoi bon ?

Nous partons en voiture avec Adji vers cinq heures, à la fraîche, et parfois, je m'assoupis. Lorsque je me réveille, je suis surpris de ne pas voir de conducteur et... il n'y a pas de volant non plus ! Du fait de la longue présence britannique en Inde, on conduit à droite et on roule à gauche, enfin, le plus souvent, au milieu... Face au véhicule qui arrive en sens inverse, on se rabat au dernier moment après un coup de frein qui fait chavirer les passagers. Au niveau du transport de touristes, c'est qu'il a encore beaucoup de choses à apprendre notre chauffeur ! Après une semaine de présence en Inde et les nombreux kilomètres déjà parcourus, je ne sais toujours pas si la priorité est à gauche ou à droite... Je crois qu'en fait, ce sont les plus gonflés ou les plus gros qui sont prioritaires... Nous avons perdu beaucoup de temps en transports et tous nos déplacements ont été horriblement longs. Le paysage est souvent monotone. La traversée du désert du Thar qui sépare l'Inde du Pakistan avec un chauffeur qui ne desserre pas les dents est sinistre. Il ne nous a pas adressé la parole depuis une bonne heure, lorsque, pour vérifier qu'il est toujours avec nous et bien vivant, je lui demande, en désignant du doigt un édifice sacré qui se dresse sur notre droite :

- What is this ?

- It's a temple !

Yes ! Ça, c'est de l'info ! Un peu plus tard, comme nous croisons un convoi de camions militaires de marque « Tata », la firme multinationale indienne, il s'exclame :

- Indian Army !

Je peux comprendre sa fierté, mais on a les mêmes à la maison... et puis, ce matériel sophistiqué donc coûteux dans un pays où règne une telle misère, ça fait un peu mal au cœur, surtout au pays de Gandhi et de la non-violence... En même temps, s'engager dans l'armée, c'est aussi une solution pour ne pas mourir de faim, n'est-ce pas ?

Le comportement des chauffeurs de rickshaws est tout aussi déroutant : empressés et roublards ! Je finis par dire non systématiquement en agitant mon index et comme ils insistent, j'ajoute :

- Walking is good for health !
- No, it's too hot !
- Yes, but sun is good for health too !

Un pieux mensonge, certes, mais qui suffit à faire baisser leur garde aux plus audacieux...

Arrivés à l'aéroport de Delhi, nous avons très chaud et très soif ! Nous avons épuisé notre provision de boissons et nous sommes épuisés aussi. J'achète une bouteille d'eau fraîche et je tends un billet de cinq cents roupies. Je recompte ma monnaie. Alors, le vendeur me tend le billet qui manquait. Bien essayé, mais j'ouvre l'œil malgré la fatigue ! Ça s'appelle « le vol au rendez-moi » Plus tard, je testerai une autre méthode : vous donnez un billet parce que vous n'avez pas de monnaie. Le commerçant n'en a pas non plus. Alors, il vous remet les billets qu'il possède et deux bonbons pour compenser les deux roupies qui manquent. C'est un peu bizarre, mais c'est plus honnête !

Christine s'en va. Christine est partie. Son « au revoir » ressemblait à un adieu... Je me dis que, dans son état, seule l'idée de rentrer chez elle peut lui être d'un quelconque réconfort. je me sens triste et désœuvré.

Adji me ramène à l'agence de Delhi non sans m'avoir réclamé son « petit cadeau » J'ai bien envie de lui dire que ce sont les prostituées qui agissent de la sorte, mais je préfère me taire pour ne pas le choquer. Je lui fais tout de même remarquer que les commissions qu'il a touchées et les nuits passées à l'hôtel pour qu'il puisse bénéficier d'un endroit où dormir constituent largement un « petit cadeau » que beaucoup de ses compatriotes n'ont pas la chance de posséder. Je parviens à négocier un billet de train pour Bénarès et on me fait cadeau d'une nuitée à l'hôtel. Ce n'est pas vraiment un cadeau, ni petit ni grand, car la chambre est pourrie. Je fais ma lessive, mais je ne sais pas où mettre mon linge à sécher parce que tout ce qui m'entoure est repoussant de crasse. Finalement, j'opte pour le porte-serviette... dépourvu de serviette et c'est tant mieux, vu l'état du reste.

Le train pour Varanassi part demain soir et il arrive le lendemain matin. Tant mieux, ça me fera une nuit de moins à l'hôtel et des frais en moins également ! Est-ce le syndrome de l'Inde ? Je me souviens maintenant qu'il ne nous a jamais été possible de prendre le train ensemble, Christine et moi. Maintes fois, nous avons réservé des billets à la S.N.C.F. qu'il ne nous a jamais été possible d'utiliser. Des changements de projets, des bagages trop lourds nous ont amenés, chaque fois, à préférer l'utilisation de la voiture sans parler des annulations de voyages...

Bref, une bonne dizaine de fois, nous avons acheté des billets que nous n'avons jamais utilisés. Je me disais qu'en Inde, beaucoup de déplacements se font par le rail et je pensais qu'ici, nous aurions enfin notre baptême du fer. Avant de partir, nous avions pris nos billets pour le retour et ceux-là non plus ne seront pas utilisés.

Demain, je serai seul dans le train de Bénarès.

Seul ? Non car le train sera probablement bondé, mais Christine ne sera pas là...

15 avril 2010

Ce matin, bien sûr, je vois tout en noir. La chambre m'apparaît sordide. La fenêtre ne s'ouvre pas et la pièce n'est donc jamais aérée. La climatisation permet d'obtenir une température agréable et c'est le seul point positif. De plus, je m'aperçois que l'agence ne m'a pas donné de reçu pour mon billet de train. J'espère que je ne suis pas en train de me faire avoir une fois de plus... J'espère... Mettons cela sur le compte de mon moral en chute libre et espérons !

Gagné ! Non, perdu !

Et c'est bien pire que ce que j'avais imaginé car le chauffeur ne vient pas. Je demande à la réception de téléphoner à l'agence et là, on me répond qu'il sera là dans quinze minutes. J'attends. Le temps passe. Je sais maintenant qu'il ne viendra plus. Je mets mon sac sur mon dos et je quitte l'hôtel dans la chaleur de midi. Les rickshaws se précipitent sur moi et cela accentue ma mauvaise humeur. Je finis par en prendre un et lui demande de m'emmener à New Delhi Railway Station. Nous faisons cent mètres et je m'aperçois que le métro est là, juste au-dessus de ma tête. J'enrage. Cela m'aurait fait gagner du temps[2], de l'argent et de la sueur car il est climatisé. Quel dommage qu'il n'aille pas encore jusqu'à l'aéroport ! Les travaux sont en cours... Pour combien de temps ?

2 « Homme blanc, toujours avoir l'heure, jamais avoir le temps ! » (sagesse africaine)

L'Inde ne voulait pas de moi. C'est pour cette raison que les deux billets d'avion de Christine ont été établis à mon nom : je dois partir. Je laisse tomber le rickshaw qui veut absolument m'emmener là où je ne veux pas aller : dans une agence gouvernementale (tu parles !) qu'il connaît et qui n'est pas commerciale (ou si peu !) Il oublie de me dire le montant de la commission qu'elle lui verse lorsqu'il amène un client. Je repars. Je me sens de plus en plus épuisé moralement. Je prends un nouveau rickshaw pour tenter de rejoindre la guesthouse située près de Clockshaw où je voulais aller hier soir avant que l'agence m'envoie dans son hôtel pourri. L'agence et l'hôtel marchaient dans la même combine, c'est évident ! Une fois de plus, je laisse tomber le rickshaw et lui colle ses vingt roupies sur son tableau de bord. Il me file le train pendant une demi-heure en m'expliquant que j'ai tort de ne pas m'en remettre à lui. Il finit par se lasser, mais un autre rickshaw m'accoste et ne me lâche plus non plus. Avec mon sac à dos, je suis une proie facile et qui saute aux yeux. Christine avait raison : le sac à dos pour aller en Inde, ce n'est pas une bonne idée...

Là, c'est le gros ras-le-bol. Je commence à m'énerver et je deviens franchement désagréable et grossier. Du coup, un attroupement de rickshaws se forme autour de moi et je commence à avoir quelques crainte quant à mon avenir immédiat. J'ai soudain l'impression que ma vie ne pèse pas bien lourd.

Je suis sous la ligne du métro aérien. Je traverse pour remonter la voie dans le sens inverse de la circulation afin de calmer l'ardeur des rickshaws. Je demande mon chemin et, chaque fois, on m'indique une direction différente. On a vu mon altercation avec les chauffeurs et le téléphone arabe a fonctionné. Je croise un homme jeune à l'air sérieux et correct coiffé d'un turban. Ce doit être un Sikh et le guide du routard affirme que l'on peut se fier à eux car ils ont un code d'honneur. J'avais fini par oublier que ça existait ici aussi ! Il m'indique la direction posément et avec beaucoup de douceur. Cette fois, j'ai confiance... Je le suis des yeux et le vois pénétrer dans l'hôpital où il doit travailler ou venir voir quelqu'un. Pour une fois, se fier aux apparences, c'était le bon choix... Quand on acquiert une certitude, la vie se charge souvent de nous faire changer d'avis. Je suis dans une rue qui me fait penser au marché aux puces de Paris. Des « antiquaires » vendent toutes sortes de saletés. L'une des boutiques ne présente que des objets en cuivre. C'est un travail grossier et c'est d'une laideur à faire peur. Les commerçants me regardent de travers et j'évite leurs regards Pas de provocation ! Pas de nouvelle algarade ! Surtout pas... Je redemande mon chemin un peu plus loin. Mon interlocuteur est sympathique, mais plus je lui parle et plus il me paraît louche. Une jeune Anglaise m'aborde et me fait comprendre à demi-mots que je dois me méfier. Elle me dit :

- Vous êtes amis ?
- Depuis quelques minutes seulement !

Mon nouvel « ami » me propose un thé et je le suis sans trop savoir pourquoi. Peut-être bien que sur le moment, j'ai ressenti ce besoin d'amitié que l'on a quand on est loin de chez soi et que l'on se sent seul. Peut-être bien aussi que je suis encore mal tombé ! Nous entrons dans quelque chose qui ressemble à un bar et il me pose un tas de questions qui me rendent de plus en plus méfiant. J'aperçois soudain la jeune Anglaise à une autre table, face à moi. Pourquoi ? Que fait-elle ? M'a-t-elle suivi et pourquoi ? Je comprendrai plus tard que je lui dois une fière chandelle. D'autres gars arrivent qui me posent encore un tas de questions et me demandent mon passeport (pour quoi faire ?) qu'ils mettent sur la table et qu'ils éloignent de moi en le mettant de plus en plus hors de ma portée. Ceux-là sont franchement louches ! J'ai envie de hurler. Ce que j'ai envie de crier à la face de tout ce joli monde, c'est quelque chose comme : « ma nana s'est tirée, vous me faites tous chier et je vous emmerde ! » Heureusement, la présence de mon mentor britannique me rassure un tant soit peu et ma bonne éducation reprend le dessus. Je traduis donc ma pensée en leur demandant de me laisser tranquille. J'ai dit cela sans colère, mais avec fermeté. Le loubard qui est en face de moi s'approche. Je le sens prêt à me frapper. Il a le regard mauvais. La jeune Anglaise s'interpose, lui colle sa main sur le ventre et le repousse. Dommage que nous ne fassions pas route ensemble, avec elle, j'ai le sentiment que rien ne pourrait m'arriver...

Je récupère mon passeport et je me lève. Je salue mon sauveteur et je m'en vais après avoir réglé les deux thés. Si je suis en train de faire un cauchemar, qu'on me réveille illico ! Sinon, qu'on me dise que je suis en train de jouer un vilain rôle dans un mauvais film policier... Arrivé dehors, je pousse un soupir de soulagement. Je me retourne de temps en temps pour m'assurer que je ne suis pas suivi. Je change de direction plusieurs fois pour brouiller ma piste.

Mais faites quelque chose, enfin !

En m'éloignant, je respire profondément.

Je suis en vie... et libre !

Je prends le métro. Quel délice ! Il y fait frais et il me semble que c'est l'endroit le plus propre de Delhi... à l'inverse de Paris, en fait, mais je ferais bien l'échange... Il me semble entendre Serge Gainsbourg : « Pour la Bastille, changez à Opéra ! » Il y a des policiers à l'entrée et je dois vider mon sac à dos pour passer sous le portique comme si je prenais l'avion. L'un d'eux découvre mon G.P.S. et me demande ce que c'est. Trou noir ! Je rassemble tout ce que possède de vocabulaire anglais pour tenter de lui expliquer ce qu'est la Géolocalisation Par Satellites. Soudain, un sourire éclaire son visage : « it's a compass ! » J'acquiesce. La glace est rompue et nous nous souhaitons réciproquement une bonne fin de journée.

J'arrive à New Delhi Railway Station et là, ça recommence. Les rabatteurs des agences m'assaillent comme à l'arrivée. Il paraît que personne ne peut rien contre cette engeance. C'est vraiment dommage ! J'en ai plus que marre de ce manège. Je ne veux pas retomber dans l'erreur qui a démoralisé Christine au point de lui donner cet irrépressible désir de partir. Je me dirige tout de suite vers le premier étage où, selon le guide du routard, (que ferait-on sans lui ?) le guichet 18 s'occupe exclusivement des étrangers. Évidemment, le guichet est fermé. Je suis épuisé, démoralisé. Toutes mes tentatives pour demander un renseignement se sont soldées par un échec et, chaque fois, je suis tombé sur un type qui était à l'affut d'un pigeon.

Ça suffit !

Je n'irai pas à Bénarès.

Je ressors de la gare et je marchande avec un chauffeur de rickshaw pour qu'il m'emmène à l'aéroport sans me ruiner. Une seule chose compte maintenant pour moi : retrouver Christine, l'aider à remonter la pente vertigineuse qu'elle a descendue tant sur le plan physique que sur le plan moral. Si elle a besoin de moi comme j'ai besoin d'elle, elle comprendra...

Enfin, j'espère...

Le trajet est long. Mon rickshaw s'est arrêté dans une station-service et il y avait beaucoup de monde devant nous, à la pompe. Il est plus de seize heures quand j'arrive au guichet de Gulf Air. Il est trop tard pour l'avion de dix-huit heures cinq, celui que Christine a pris hier soir. Hier soir ? J'ai l'impression qu'un siècle s'est écoulé depuis son départ. Je réserve une place sur le vol du lendemain à la même heure et celui-là, il faudrait un tremblement de terre pour que je le rate. Je ressors, mais je ne me sens pas le courage de retourner dans l'enfer de Delhi malgré l'insistance des rickshaws qui me tournent autour comme des mouches autour d'un pot de confiture. Ça bourdonne comme une ruche et ça empeste les gaz d'échappement. J'ai soudain envie de me sentir à l'abri dans cette zone internationale et je choisis le « Centaur Hotel » qui n'est pas dans mes moyens, certes, mais tant pis. Je ne me sens pas capable de faire autrement. Et puis, c'est mon dernier jour en Inde... Du moins, c'est ce que je crois sur le moment. Il y a bien quelques petites choses qui ne fonctionnent pas, mais c'est quand même luxueux. Ça fait du bien d'être dorloté, chouchouté et je crois que j'en avais besoin. J'essaie de ne pas trop penser à Christine qui serait certainement fâchée de mon choix somptueux et de cet inhabituel désir de confort...

16 avril 2010

Après une nuit réparatrice, je me sens prêt à partir, à regagner la France et à tourner la page des arnaques en série dont j'ai été victime. En principe, mon bus est à quinze heures. Il est quinze heures quinze et Sœur Anne ne voit rien venir. Je m'adresse à la réception où on m'annonce qu'il y a un problème. Le sourire de l'arrivée a fait place à la grimace du départ. Sont-ils donc si tristes de me voir partir ? On finit par m'emmener à l'aéroport. Je me présente à l'enregistrement de Gulf Air et là, ça redevient surréaliste. Une hôtesse me dit que mon vol est annulé. C'est une blague ? Non ! Tous les vols à destination et en provenance de l'Europe sont annulés. Sommes-nous en guerre ? Moi qui me sentais harcelé et rançonné, me voici pris en otage. Pas de vol jusqu'à nouvel ordre. C'est gai ! Je m'assieds sur un fauteuil de l'aérogare pour réfléchir, mais je ne trouve aucune solution. Je reste là, à côté de Français qui sont dans la même galère que moi. Combien de temps suis-je resté ainsi prostré ? Arrivé vers quinze heures trente, je tente une sortie vers vingt heures pour prendre l'air, mais pas le frais, non... ça, ça ne va pas être possible ! Je me heurte à un garde-chiourme en uniforme qui m'interdit de sortir. Je comprends le contrôle à l'accès, mais à la sortie... Heureusement que nous ne faisons pas la même chose à Roissy, il faudrait plusieurs compagnies de C.R.S. ! Il faut donc retourner chez Gulf Air pour qu'ils m'accompagnent à la sortie, mais ils sont tous partis.

J'attends le moins inconfortablement possible. Je dors un peu. Je compte les heures. Il me faudra attendre quatre heures trente du matin pour pouvoir mettre enfin le nez dehors. Il fait chaud. Je dois trouver une guesthouse pas trop chère et pas trop loin. Je prends un taxi avec le système « prepaid » et le chauffeur me dépose devant une agence...

J'ai une tête de pigeon ou quoi ?

A chaque descente de rickshaw, le plus souvent devant une « agence » comme de bien entendu, je tombe sur un Indien qui me dit : « On se connaît ! On s'est déjà vu ! » Inlassablement, je réponds : « maybe in another life ! » Ça en fait rire un ou deux. Pas moi... Je dois avoir la tête de monsieur tout-le-monde ou celle de l'Européen moyen. Cette fois, je choisis un rickshaw à pédales... plus écologique... en me disant qu'il sera peut-être aussi plus honnête. C'est un jeune homme à la bonne bouille sympa qui se met debout sur les pédales pour arracher mes quatre-vingts kilos du macadam... et il me fait le même coup. Là, j'en ai plus que marre : je descends et je continue à pied ! Je demande mon chemin pour aller à Connaught Place. Les avis divergent. Je repose ma question à chaque carrefour et plutôt aux commerçants qu'aux piétons potentiellement en quête d'une proie facile pour une grande majorité d'entre eux. Certains ne me répondent pas. D'autres ne savent pas ou ne veulent rien me dire. Est-ce donc un si grand secret ?

Même le policier que je questionne ne sait pas le nom de la rue où il se trouve ! Mais alors, comment fait-il pour rédiger ses rapports ? Mais en fait-il ? Sait-il écrire ? Ça change de nos flics parisiens qui sortent leur plan dès qu'on leur demande un renseignement. J'arrive enfin dans Connaught Lane et je découvre les deux guesthouses recommandées par le Routard. Franchement, c'est roupi.... euh... pourri ! On me demande quatre cents roupies pour une petite pièce sale et pas entretenue où il y a juste assez de place pour mettre un lit d'une personne. Où est mon grand lit avec Christine dedans ? Je fais baisser le prix à deux cents roupies, ça ne vaut pas plus ! En même temps, c'est vrai que ça ne fait qu'un peu plus de vingt francs ou trois euros...

Tout est facile quand on est chez soi ou pas très loin. Il suffit de claquer la porte pour dire qu'on n'est pas d'accord et pour changer de crèmerie, mais à sept mille kilomètres, ça prend des proportions hallucinantes. Hier, au Centaur Hotel, j'étais presque serein. Aujourd'hui, dans ma piaule exigüe, je me mets à broyer du noir. Hier, je voulais prendre l'avion et basta ! Aujourd'hui, un avion pour l'Europe, ça s'appelle un miracle. J'aurais pu rentrer en même temps que Christine, mais elle ne le souhaitait pas. J'aurais pu prendre l'avion vingt-quatre heures plus tôt, avant l'éruption du volcan d'Islande et tout serait rentré dans l'ordre, mais je suis arrivé trop tard à l'aéroport. Ce qui me console, c'est que ç'aurait été bien pire si Christine était restée vingt-quatre heures de plus.

J'ai l'impression d'être en enfer, mais je n'ose imaginer la situation avec Christine, en crise à Delhi avec une température de 44°C. Dans le Hindustan Times, je découvre une photo prise à l'aéroport de Roissy-Charles-de-Gaulle où l'on voit des Européens bloqués au sol, comme moi, comme nous, ici, pour cause de volcan et le personnel qui offre des pâtisseries. Sourires forcés ? Montage ? Je ne sais pas, mais on ne connaît pas son bonheur d'être bloqué à la maison, même si ça agace de ne pas pouvoir aller au ski ou à la plage à Pâques... Cette photo me fait rêver. Moi, je n'ai eu droit qu'à une engueulade pour être resté trop longtemps dans la salle d'attente de l'aéroport. Un comble ! Ça ne me console pas, mais ça me rassure : nous, les Occidentaux, croyons toujours que nous sommes les seuls à ne pas effectuer la prise en compte de l'autre. Il faut cesser de se battre la coulpe (ça fait mal). Il faut arrêter de pratiquer cet ethnocentrisme inversé et ridicule qui voudrait que les Européens soient des démons et les autres des anges. Je pense tout particulièrement à nous, les Français, qui aimons cultiver cette culpabilité parce que la France est la patrie des Droits de l'Homme... Je sais, il y a aussi ce long passé colonial que nous partageons avec nos amis britanniques... En tout cas, le coup de l'angélisme à la sauce asiatique, on ne me le fera plus, je le jure ! La seule personne que j'ai vue qui ressemblait à un ange du paradis était un sujet de sa gracieuse majesté. Les autres ressemblaient plutôt à des anges déchus échappés de la fournaise de l'enfer et s'il y fait plus chaud qu'à Delhi, ça doit pas être triste...

Et pour la pollution, c'est la même chose : nous trions nos déchets tandis qu'en Inde, c'est la rue qui sert de poubelle. Ça me donne l'impression de mettre le goulot d'une bouteille sans fond sous un robinet ouvert.

La prise en compte de l'autre est bien absente ici aussi. Je pense à Philippe Ollivier qui raconte dans son livre « Longue marche » ses déboires et ses pénibles expériences vécues en Chine parce que, là-bas non plus, la prise en compte de l'autre n'existe pas ou si peu.

L'autre jour, je marchais à côté d'un bus lorsque j'ai reçu un crachat. Maladresse, jeu ou malveillance ? Je ne sais pas, mais je me demande ce qui se passerait en France si on faisait cela à un étranger. Ça commencerait sans doute par une grève des chauffeurs de bus...

Plus tard, un cireur de chaussures qui hante Connaught Place veut s'occuper des miennes. Bah non, hein, ça va pas l'faire ! C'est comme le sac à dos, j'aime bien gérer ça moi-même, désolé ! Le personnel des hôtels et guesthouses qui se précipite pour me le retirer des épaules et le porter à ma place a le don de m'exaspérer. Bon, c'est vrai que sur le Chemin de Compostelle, après des étapes de trente, quarante et parfois cinquante kilomètres et plus, ça m'aurait fait drôlement plaisir qu'on me le porte, mon sac, mais là, j'ai toujours peur qu'il y en ait un qui foute le camp avec... Bon, je plaisante, mais c'est à moi, donc c'est moi qui gère !

Ah, mais !

Je reviens à mon cireur de pompes. Avec le précédent, j'avais bien rigolé (et lui aussi) en voyant sa mine dépitée. Il était là avec sa brosse et son cirage et, tout à coup, il s'aperçoit que mes chaussures sont en toile ! C'est pas un logiciel de chez Bill Gates, mais y'a tout de même un bug ! Mais là, je ne rigole plus car ma chaussure droite me paraît soudain plus lourde et lorsque j'y jette un œil pour voir de quoi il retourne, je m'aperçois qu'il y a une énorme bouse de vache dessus. Pourtant, je n'ai croisé aucune vache sacrée ou non dans les environs (heureusement, une vache à Connaught Place, la pauvre !) et puis, quand on marche dedans, ça colle à la semelle, ça vient pas se mettre sur le dessus de la godasse. Je me pose la question de confiance : une bouse de vache sacrée, ça porte bonheur ? Mais dans le cas présent, je suis persuadé à 200% que c'est l'homme à la brosse à reluire ou son complice qui a mis cette saleté bien grasse et bien moulée sur ma belle tennis de chez D... (« à fond la forme »). Je suis tombé sur la déjection de la seule vache qui mange à sa faim en Inde ! Non, c'est elle qui m'est tombée dessus... Je ne vais quand même pas remercier mon fournisseur-nettoyeur de bouse en lui confiant mes pompes. Vous le feriez, vous ? Pas moi. Je suis navré, mais je ne suis pas dans une période où j'ai envie de tendre l'autre joue ou plutôt... l'autre chaussure. Et puis, je me dis qu'elles seront peut-être encore pires après ou cirées. Et je n'ai pas l'intention d'aller danser !

Ce midi, je déjeune chez KFC parce qu'il y fait frais avec un minimum d'hygiène alimentaire autant qu'élémentaire. Ce matin, à la guesthouse, j'ai vu le cuistot préparer le breakfast. Il n'arrêtait pas de se gratter la jambe avec la main droite (la main soi-disant pure !) et il ne s'est pas lavé les mains, ni avant ni après. Heureusement que l'on fait bouillir l'eau du thé ! J'ai travaillé pendant douze ans pour les Services Vétérinaires et là, j'ai un peu de mal... Chez KFC, je mange de bon appétit, ce qui ne m'est pas arrivé depuis longtemps. Et là, en plus, j'ai même une photo de ce que je vais consommer (chicken snacker et veg thali). C'est du KFC indien ! J'apprécie l'endroit et sa climatisation et je ne suis pas le seul ! Non loin de moi, un petit couple de jeunes s'est réfugié là pour se faire des câlins à l'abri des regards indiscrets ou réprobateurs. Le spectacle de l'amour, ça me repose du harcèlement extérieur. Je regagne la guesthouse et je vais me laver les mains au robinet de l'unique lavabo en fonctionnement. L'eau du robinet d'eau froide est bouillante car les tuyaux d'arrivée sont en plein soleil. J'essaye l'autre robinet, celui de l'eau chaude, mais il n'y a pas d'eau. J'ai déjà eu l'occasion d'assister au rituel de la toilette du personnel des guesthouses. On s'habille en se levant ou, plutôt, on saute dans ses vêtements de la veille. On forme, avec ses mains, une coque que l'on remplit d'eau et on s'asperge le visage pour s'ouvrir les yeux et enlever le sable déposé par le marchand puis on se frotte les dents et les gencives avec l'index de la main droite (j'insiste)... la gauche servant à... à tout le reste !

J'ai une petite pensée pour les pèlerins de Compostelle du Moyen Age qui se servaient d'une coquille pour boire et pour se laver (au retour car à l'aller, à l'inverse des pèlerins modernes en aller-simple, ils n'en possédaient pas...). Enfin, c'était plutôt pour se débarbouiller parce qu'une coquille-Saint-Jacques, même de bonne taille, ça n'aura jamais la même capacité qu'une baignoire... Quant à la douche, elle est réservée aux touristes ! C'est bien d'économiser l'eau, mais le résultat n'est pas appétissant !

Nous ne sommes que deux ou trois dans la guesthouse, mais tout se paye à la commande et même la chambre doit être réglée le matin qui précède la nuitée. Je ne vais pas devenir un voleur pour quelques roupies (de sansonnet). La bouteille d'un litre d'eau fraîche est à 15 roupies, soit 1,50 franc ou 25 centimes d'euro. Néanmoins, il faut que je fasse attention car on dit que le volcan peut cracher ses « ash clouds » pendant des semaines, voire des mois. Sa dernière éruption date de 1821. Il aurait pu attendre vingt-quatre heures de plus pour remettre ça !

Il me faut donc dépenser le moins possible et je regrette d'avoir craqué pour le Centaur Hotel. De plus, j'ai été victime d'un piratage à la carte bleue sur internet avant de partir et mon compte a été délesté de six cents euros. Alors, ce n'est vraiment pas le moment de faire n'importe quoi !

Dans la rue, c'est toujours la loi du plus fort. Le piéton s'écarte pour le vélo qui laisse passer le rickshaw qui s'arrête devant le bus. Impossible de se réfugier sur le trottoir car, le plus souvent... il n'y a pas de trottoir. Quant à la moto, elle est la reine, ici comme dans le reste du monde. En Europe, la route lui appartient y compris la bande d'arrêt d'urgence et si ça ne roule pas, le motard la fait monter sur le trottoir et le piéton n'a qu'à s'incliner. Ici, l'absence de trottoir vous tranquillise un tantinet : pas de moto dessus ! Mais pour l'amour du ciel, évitez le choc car vous n'aurez pas raison... même si vous n'êtes pas en tort. Si la victime (ou l'auteur) est un Indien, prenez vos jambes à votre cou pour éviter le lynchage...

Ici, tout est basé sur la mécanique. Toute personne respectable possède un véhicule. La carte de la guesthouse précise son adresse en indiquant « située derrière tel atelier de moteurs » Elle précise aussi : « Do not believe the story of auto rickshaw and taxi drivers, come directly to Sunny ! » Facile à dire, mais ces braves gens font bien ce qu'ils veulent, n'est-ce pas ?

18 avril 2010

Ce matin de dimanche, je marche « à l'indienne » sur le bord de la route, à droite, « face au danger » En bon piéton habitué aux routes françaises, je me retourne de temps en temps pour voir s'il n'arrive rien derrière moi. Mauvais réflexe ? Pas tant que ça car un vélo arrive parfois à contre-sens et me frôle sans que je m'y attende. Effet garanti ! De cette manière, on est moins harcelé par les rickshaws et pas plus par les commerçants. Justement, en voici un qui arrive ! Je me sens prêt à l'envoyer promener, mais il a une bonne bouille. Il me salue.

- Hello !
- Where are you going to ?

J'ai été le plus rapide et ma question le laisse pantois.

- And you ?
- I want to go where you will never go ! Je ne le dis pas, mais je le pense si fort qu'il a dû l'entendre... Il m'apprend qu'il est « sunday closed » et j'en suis ravi pour lui. Par conséquent, j'ai de la chance car il me fait la course à dix roupies au lieu de vingt. Tiens, ici, c'est moins cher le dimanche ! En voilà un, au moins, qui a compris le discours de Sarko sur les heures sup. ![3] Je décline son offre. Je préfère marcher (« walking is good for health », etc...). Il me toise car malgré sa bonne tête d'étudiant du dimanche, il ne comprend pas qu'un « riche Européen » puisse avoir envie de se servir de ses pieds pour aller d'un point à un autre.

3 Les rickshaws appartiennent généralement à des sociétés ou à des familles, mais la tentation est grande de les utiliser à son compte les jours de « sunday closed »

Cette fois est une fois de trop ! Je dois abandonner mes masques de pigeon souriant et de pigeon boudeur, prêts, dans un cas comme dans l'autre, à se faire arnaquer. Je me compose une « gueule » à la Peter O'Toole ou à la Brad Pitt (dans « Sept ans au Tibet »), du moins pour le regard car pour le physique, c'est une autre paire de manches.

C'est qu'on n'a plus vingt ans ma pauv'dame !

Je me rends à la New Delhi Railway Station pour tester mon personnage : ça marche ! Il y a bien quelques « hello ! » de chauffeurs de rickshaws en maraude, mais un simple regard les éloigne de moi. A la gare, je suis attaqué par les rabatteurs, mais ils n'insistent pas. Puis vient le tour d'un chauffeur de taxi qui se plante devant moi :
- Taxi, Sir ?
- No !
Je le sens déstabilisé par mon refus catégorique. Son regard chavire. C'est un coup mortel qui le met au tapis ! Ça lui fait le même effet que le fameux koan des bouddhistes : comment applaudir avec une seule main ?
Et toujours la même question :
- First time in India ?
Je traduis pour le lecteur :
- Nouveau pigeon ?

Depuis que je suis en Inde, beaucoup de choses me surprennent (et le mot est faible !) :

- Les couleurs chatoyantes des femmes en saris. Elles sont si belles ! C'est le point positif apporté par les femmes.
- La circulation digne de la folie machiste. C'est le point négatif apporté par les hommes.
Mais, par dessus tout, ce qui me fait le plus d'effet, c'est de constater que Christine repoussée par l'Inde, rejetée par elle, a pris le dernier avion et moi, qui ai voulu la suivre, j'ai été pris dans les filets d'un monde qui refuse de me lâcher. Pourquoi ? Qu'ai-je donc à vivre ici ? Mourir à Bénarès dans les bras de la déesse Kali ? Peut-être, mais je l'ai déjà fait à Compostelle sur le Chemin de Saint-Jacques. Mourir, renaître, j'en ai ras-le-bol ! Il y a des milliers de poissons dans le filet, mais nous ne sommes pas si nombreux à voir les signes qui se présentent à nous. Tout le monde se précipite dans tous les sens. Moi, je ne veux rien décider avant de comprendre ce qui m'arrive. Je ressens au fond de moi la crainte de deviner le sens de tout ceci. Christine partie, moi coincé ici... Je ne vois que deux mots pour baptiser la situation : séparation et rupture. Je suis bloqué ici. Pourquoi ? Ma chambre de Delhi n'est pas vraiment une chambre, c'est une cellule et je m'y sens prisonnier. Le soleil la chauffe à blanc toute la journée et j'étouffe entre ces murs bien trop rapprochés. De toute évidence, elle ne correspond pas complètement aux normes des Gîtes de France. Les autocollants représentant Krishna et Ganesh sur la porte ne suffisent pas à me la rendre accueillante au point d'en faire un lieu de méditation et de prière.

C'est donc bien de la cellule d'un prisonnier et non de celle d'un moine qu'il s'agit. J'utilise mon téléphone mobile pour envoyer des textos dans tous les azimuts et à tous ceux que je connais qu'ils soient parents ou amis. J'ai besoin de communiquer, de me prouver que je suis encore capable de le faire. J'ai aussi besoin de savoir s'ils sont encore là, s'ils pensent encore à moi ou s'ils me croient déjà mort, mais c'est aussi, bien sûr, dans le but inavoué de vérifier qu'il existe encore des gens qui vivent dans un autre monde que l'enfer de Delhi.

J'envoie un message à mon fils aîné. En quelques mots, je lui explique que je me demande si nous nous reverrons un jour. J'ai minimisé l'importance de mon angoisse pour ne pas l'effrayer. La réponse ne se fait pas attendre et elle tient en très peu de mots : « bonnes vacances, Papa ! » Je la reçois en pleine figure, comme une gifle. Oui, vraiment, j'ai parfaitement réussi à ne pas l'inquiéter. Il sait que j'aime rire et il a dû prendre mon message pour une boutade de plus de la part d'un homme qu'il considère plus comme un clown que comme un père... Cette réaction de mon fils me contraint à m'en remémorer une autre plus ancienne. J'ai tenu bon dans ma vie de couple malgré les soucis et la mésentente qui y régnaient. Je tenais bon car je me refusais de voir en face la réalité d'un faux bonheur. De plus, l'idée d'éloigner mes enfants de leur mère ou de leur père m'était tout à fait insupportable. Je ne l'envisageais même pas...

La rupture se fit donc tout naturellement (ou presque) dès que mes enfants furent en âge de voler de leurs propres ailes. A défaut d'être un bon mari, j'avais cru être un bon père, mais un jour que j'évoquais tout ceci avec lui, mon fils me répondit simplement :
- Il y a longtemps que vous auriez dû divorcer !

Ô, comme elle a pu me sembler sinistre cette atmosphère suffocante de la capitale indienne.

Quelques Indiens vous harcèlent et ils finissent par en paraître lourds, mais ils ne sont jamais agressifs. J'ai vécu ici de nombreuses expériences qui, en France ou dans de nombreux pays d'Europe, auraient dégénéré en bagarres depuis belle lurette.

J'ai du mal avec les crachats et les raclements profonds de la gorge et du nez. Idem avec la mode locale de se moucher sur le dos de la main gauche puis de faire un geste brusque qui permet de jeter tout ça au sol...

Et puis, partout et continuellement, cette odeur d'urine que la forte chaleur rend insupportable. Pas de vespasienne, pas de dame-pipi, alors on pisse contre un mur lorsque le besoin s'en fait sentir et il sent fort, le besoin, c'est le moins qu'on puisse en dire.

Pensez ! Avec une telle température...

Dans la rue, un vieil homme me poursuit et me propose ses cartes postales pas bien fraîches et même pas mal défraichies par paquets de douze. Je jette un œil : franchement, pas terrible ! Il m'annonce un prix très élevé qui devient ridicule dès qu'on prend la peine de le convertir en euros. Il commence à deux cents roupies les vingt-quatre cartes.

- Non !
- 190 ?
- Non !
- 180 ?
- Non !

Arrivé à cent roupies, je le sens prêt à descendre encore, mais son attitude de sangsue m'agace et, en même temps, me fait pitié. Je cède pour qu'il me foute la paix.

Dans la série de Ranakpur qui devient « arnaque pure », j'ai aussi Jaisalmer qui me fait étrangement penser à « Alzheimer » J'ai été heureux jusque là et il me semblait que Christine l'était aussi malgré les gros nuages noirs qui se profilaient à l'horizon. Peut-être bien aussi que, me voyant heureux, elle cherchait à me faire plaisir en taisant sa douleur bien plus vive, sans doute, que tout ce que je pouvais imaginer. Mandawa, Bikaner, Jaisalmer puis tout a basculé comme si nous avions tout oublié : y compris les promesses de bonheur à partager. A Jaisalmer, je vivais des vacances de rêve. Il y avait là toutes les vieilles pierres susceptibles de satisfaire ma passion.

Je n'ai peut-être pas été suffisamment réaliste pour me douter du mauvais état de santé de Christine. Ce que je sais en revanche, c'est que je lui étais reconnaissant de ce que je vivais grâce à elle. *A contrario*, il se peut qu'elle m'ait trouvé bien loin d'elle, au point de ne pas me rendre compte de la chute vertigineuse de son état général.

Après, il y a eu Jodhpur ! La ville où j'ai recommencé à fumer...

Et puis, je me revois sur la terrasse de la guesthouse de Delhi. Je remarque que la Lune qui s'achemine lentement vers la fin de son premier quartier, ne forme ici, ni un C ni un D comme chez nous, mais un U. On dirait un sourire et inévitablement, je pense à « Alice au Pays des Merveilles » de Lewis Caroll si merveilleusement mise en images par Walt Disney puis, plus récemment, par Tim Burton. Le chat fou dont on ne voit que le sourire par intermittence se trouve devant moi. Comme Alice, j'ai bien du mal à retrouver mon chemin du fait de ce volcan d'Islande qui fait des siennes...

19 avril 2010

Pour garder un petit zeste, un doigt, un soupçon de moral, je m'offre une balade matinale à pied. C'est le meilleur moyen que je connaisse pour ne pas « péter les plombs » Mon passé de grand marcheur devant l'Éternel refait soudain surface et je m'accroche à cette bouée de sauvetage. Je rentre dans l'après-midi épuisé et surtout, mort de soif. Je demande une bouteille d'eau. On me répond que c'est l'heure du thé. Ils ont gardé cette habitude ou, plutôt, cette tradition toute britannique. Tout s'arrête pour le thé : « tea time at five o'clock ! » Ils sont pourtant là trois ou quatre à regarder faire le seul qui s'active...

Hier, je n'avais qu'une envie : parler et, si possible, en français ! Et soudain arrive une jeune femme que je prends tout d'abord pour une Indienne. Elle me dit bonjour et se met à parler... en français. Elle m'apprend qu'elle est auvergnate. Je trouve qu'elle a la peau bien mate et bronzée pour une fouchtra et je le lui dis. Elle me parle alors de ses origines algériennes.

Elle me fait part de son intention d'aller à Bénarès. Nous partons en quête de son billet de chemin de fer puisqu'elle m'a demandé de l'accompagner. Nous traversons Connaught Place que je connais maintenant comme ma poche. Des regards réprobateurs se tournent vers elle et vers moi car elle est en short et parce que son tee-shirt fort décolleté permet d'avoir une vue plongeante sur une anatomie généreuse qui ne manque pas d'intérêt, il faut bien le reconnaître. Retour dans les agences à nouveau prêtes à vendre tout et n'importe quoi sauf ce qu'on leur demande. Moi, je veux rentrer chez moi. J'ai le mal du pays et je rêve d'un printemps frais en Europe.

En attendant, je fais les cent pas dans une chambre qui n'en autorise que cinq. J'ai maintenant une autre compréhension du grand Vincenot quand il écrit : « on n'asservit pas l'homme qui marche » Je pense qu'on est libre dès lors qu'on ne dépend que de soi. Le marcheur est autonome. Il ne dépend que de ses pieds commandés par son propre cerveau. En avion, on est à la merci d'un volcan ou d'une grève des aiguilleurs du ciel. L'automobiliste est un esclave au service de sa mécanique et le cycliste peut avoir oublié ses rustines...

Il ne s'agit pas de bonheur, mais de bien être. Être bien dans sa peau, c'est être libre. Être libre, c'est ne dépendre que de soi, n'avoir besoin de rien d'autre ni de personne d'autre que de soi-même. On ne peut être heureux dès lors qu'on autorise autrui à gérer le baromètre de son humeur. Bien sûr, nous avons constamment besoin des autres. Nous avons besoin du boulanger pour acquérir notre pain quotidien parce que les besoins de notre corps nous relient à la matière. Notre corps est fait de besoins et de désirs, mais pour ce qui concerne l'esprit, ne laissons pas les autres gérer notre bien-être...

<u>**20 avril 2010**</u>

J'aime les avions. J'aime les aérogares. J'aime les zones de départ et les zones d'arrivée lorsque je rentre chez moi ou que j'attends quelqu'un qui m'est cher. Je connais le moindre recoin de l'aéroport de Delhi. Il faut dire qu'il n'est pas bien grand. Une extension est prévue pour un avenir proche.

Je ne supportais plus l'atmosphère de la guesthouse avec son serveur servile qui fait des fleurs ou qui exige d'être payé d'avance en fonction des pourboires reçus.

Connaught Place n'a plus aucun charme pour moi et il fait toujours aussi chaud malgré l'averse d'hier soir. Toujours pas d'avion pour l'Europe. Je m'y attendais, mais j'avais besoin de cette ambiance de départ, cette ambiance non-stagnante qui contraste avec la nonchalance environnante si compréhensible du fait de la température. Certes, à Delhi, il y a du mouvement. Il y règne même une atmosphère de ruche, mais tout se fait en train, bus, rickshaw, moto, vélo. Bref, c'est le règne du véhicule et ceux qui sont à pied ne bougent pas ou peu. J'ai sous les yeux toute une population grouillante, mais inerte qui, à la manière des fourmis, semble se dépêcher d'aller nulle part. Il n'y aurait donc que moi pour faire pénétrer un point d'interrogation dans la tête des chauffeurs de tous poils ?

Je ne suis pas patient par nature, c'est vrai, mais après cette attente interminable qui dure depuis quatre jours et quatre nuits et qui ma paru durer des siècles, il me semble que je ne trouverai plus jamais le temps long...

Je me sens devenu autiste. J'ai l'impression d'être entouré de murs. J'ai besoin de parler et, en même temps, j'ai envie qu'on me foute la paix. En tout cas, je ne vais pas bien et il m'arrive rarement de le dire, encore moins souvent de l'écrire. Si je les avais, je serais prêt à payer dix mille euros pour qu'on me sorte d'ici. Je serais prêt à monter dans un avion même si on me disait qu'il allait s'écraser. Je n'ai pas les moyens de retourner au Centaur Hotel, mais c'est pourtant là que je me sentirais le mieux ou le moins mal, je crois.

J'ai payé trente roupies (cinquante centimes d'euro) le droit d'aller m'installer dans le « Visitor Loundge », la salle d'attente climatisée, pendant trois heures. Nouveau dialogue de sourds à l'entrée :
- Votre départ n'est pas pour aujourd'hui !
- Mon vol a été annulé. Je suis en attente d'un avion !
- Vous comptez rester là jusqu'à quand ?
- Jusqu'à temps que j'aie une place dans un avion qui pourra décoller.
Etc... etc... etc...

Que de questions pour avoir la permission de poser son cul au frais ! Tout est contrôlé, mais rien n'évolue. Quoi qu'il arrive, les flics ne bougent pas, sauf ceux de l'aéroport... peut-être à cause de la clim.... Je dis ça parce que moi, ça me fait l'effet inverse. Dans cette salle climatisée, je tombe de sommeil, moi qui dors si mal depuis que je suis en Inde. Je suis bien ici, mais il va me falloir partir et trouver une solution. J'ai déjà goûté au statut de clochard sur le Chemin de Compostelle, mais ici, ça ne me tente guère. Là-bas, c'était original, mais ici, ça ne l'est plus. En fait de rester trois heures, je resterai là jusqu'à mon départ sous l'œil vigilant, mais bienveillant de mon poseur de questions. A-t-il reçu des instructions en ce sens ? A-t-il agi de son propre chef ? Je l'ignore, mais il ne m'interpellera plus, même quand le délai de trois heures sera largement dépassé. Quand je pense à lui, je parviens à émettre quelques pensées positives en me remémorant ces pénibles instants.

Pour me remonter le moral, je me dis que, bientôt, je rirai de tout ça. Si seulement j'avais une date ! Dans huit jours, dans un mois, peu m'importe, mais avoir quelque chose de concret qui tienne la route et qui me serve de guide. Je repense au propos de cette jeune Française entendu dans Connaught Lane dont la bouche riait, mais dont la voix pleurait : « avant, on était heureux, on avait des avions ! » J'ai eu envie d'ajouter : « et après on oublie ! » car l'être humain est ainsi fait. Les gens qui attendent ici dans l'espérance d'un vol existant sont impatients de partir et complètement imperméables à la détresse de ceux qui attendent en vain ou qui n'attendent rien, prostrés devant un stupide panneau qui affiche les vols, ceux qui sont annulés pour cause de volcan et ceux qui ne le sont pas, la même histoire depuis une centaine d'heures. Au niveau de la communication, c'est pas la joie.

Certains vols affichent « now boarding » ou « security check » Les petits veinards ! Le bon avion pour le bon endroit, ça fait rêver... Mais combien de fois ai-je pris l'avion sans me soucier des autres, ceux qui étaient loin de chez eux et en grande détresse ?

Reverrai-je mes enfants et quand les reverrai-je ? En venant ici, ce matin, je savais avoir 99% de (mal)chance de me casser le nez, mais j'avais besoin de vérifier que l'aéroport existait bien. C'est l'endroit que je connais le mieux à Delhi. J'y suis venu cinq fois. La première fois à l'atterrissage, la deuxième pour y accompagner Christine, la troisième pour prendre un billet d'avion, la quatrième pour prendre un avion qui n'existait plus et la cinquième aujourd'hui...

« Just to see ! »

Comment ne pas penser aux « Fous de l'Inde » de Régis Airault ? Je me sens complètement dedans. Je suppose que la chaleur est en grande partie responsable du stress. Je me sens bien malgré l'ennui et les ennuis dans cette salle

climatisée et dès que je mets le nez dehors, dès que je suis à nouveau enveloppé de cette chaleur suffocante, tout me retombe dessus et m'envahit. Il faut dire que dehors, il y a l'enfer des taxis et des rickshaws qui ne cessent de faire usage de leurs avertisseurs sonores et qui racolent sur les deux niveaux de l'aéroport jusqu'à la gare de départ située au-dessus de celle des arrivées. Alors, quand l'un d'eux m'aborde, je me fais plaisir en lui répondant :
- Je vais à Paris, en France ! Tu m'emmènes ?
Il repart la mine déconfite. Celui-là, je l'ai eu ! Je fais une petite croix virtuelle dans mon calepin mental où il s'en va rejoindre la longue liste des rickshaws refoulés...

Et, devant mes yeux, toujours ce foutu panneau d'affichage qui annonce, en boucle, tous les vols y compris ceux pour Heathrow : « cancelled... cancelled... cancelled ! »

Ce serait plus facile ou moins difficile, si Christine était encore là. Avoir quelqu'un de plus fragile, de plus mal en point que moi à protéger, à rassurer, mais cela aussi m'a été retiré. Elle boudait à cause de ce que ce voyage lui avait coûté au regard du peu d'agrément qu'il lui apportait et la chaleur l'avait détruite psychiquement et physiquement. Aujourd'hui, je serais prêt à payer un billet d'avion dix fois son prix pourvu qu'il m'emmène à Paris et si ce n'est pas à Paris que ce soit en France ou, au moins, en Europe... Rejoindre Christine, la rejoindre à n'importe quel prix !

Oui, j'ai vécu des moments difficiles sur le Camino de Santiago, mais chaque fois, mes problèmes étaient ceux d'un piéton, d'un terrien, d'un homme qui a les pieds sur la terre et... sur Terre ! Là, je suis sur une autre planète. Je n'ai plus de points de repères. Seul, mon G.P.S. que j'ai eu la bonne idée d'emporter est encore capable de me dire où se trouve mon « chez moi » Chaque fois que je l'utilise, les Indiens me fusillent du regard. Les chauffeurs de taxi auront peut-être bientôt le Tom-Tom avec, en option, le trajet le plus rémunérateur jusqu'à l'agence qui leur offre la plus forte récompense, mais le G.P.S. de randonnée, ce n'est pas pour tout de suite. A quoi bon posséder de quoi s'orienter au pays des rickshaws et des taxis espiègles ?

Comme il est facile de passer du rêve au cauchemar au cours d'un voyage pour lequel on s'était promis que ce ne serait « que du bonheur ! » Je souris (oui, j'y parviens encore !) en voyant le titre du calepin où j'écris ces notes : « My Bollywood Life » Oui, mais alors, sans la chorégraphie, s'il vous plaît...

Comme dit l'autre, « il est temps de mettre un frein à l'immobilisme » Je me méfie des médias, mais ils sont souvent les seuls à pouvoir faire bouger les choses. La télévision indienne est venue filmer les naufragés européens. Ça va pas éteindre le volcan ? Non, mais ça peut peut-être générer quelques informations sur les prochains départs possibles et modifier nos conditions de détention...

Globalement, les gens se montrent patients. Que faire d'autre ? Je revois cette jeune femme assise en train de tricoter et qui semblait prendre son mal en patience. Faut pas être sur le point d'accoucher...

Dans le camp retranché d'Indira Gandhi International Airport de Delhi, la vie s'organise. Les gens se parlent. Un jeune Chinois me demande une cigarette et me fait cadeau, en échange, d'un très joli objet qui se tortille dans tous les sens avec des formes multiples et variées qu'il nomme « mandara » Ça me touche parce qu'ici, rien n'est gratuit. Compte tenu de la chaleur et de l'affluence, le prix de la bouteille d'eau est passée de quinze à trente roupies. La moindre petite chose, le moindre service, tout se paie. Cadeau bien sympathique au pays du petit troc et du grand trafic...

Je voudrais m'endormir et me réveiller dans un avion. Je suis dans l'aéroport. Ce n'est plus l'Inde. C'est une zone internationale. Nous sommes à Delhi et nous ne sommes déjà plus à Delhi. Delhi la noire, Delhi la sombre avec ses ruelles polluées par les gaz d'échappement et les fumées des boutiques qui font frire leurs aliments dans une huile odorante et pas trop fraîche. Là aussi, ça klaxonne, ça tempête. Une moto vous passe devant, s'arrête devant vous et ne bouge plus. Même comportement dans les ascenseurs et le métro. Personne ne veut céder. Tout le monde entre et sort en même temps et c'est la bousculade générale.

Quel imbroglio !

Ma guesthouse se trouvait derrière la Bharat Petroleum. Ici, tout est huile de moteur et cambouis et ce sont les repères locaux. Quelques arbustes bénéficient d'un carcan métallique protecteur recouvert d'une peinture verte plus symbolique qu'agréable à regarder : « Green Delhi » Ce n'est pas là pour faire joli, non, mais pour montrer que, malgré tout, on fait quelque chose. Il y a bien aussi quelques coquilles... Ce ne sont pas celles qui tracent le Camino de Santiago, mais celles d'une grande firme pétrolière. Il y a bien longtemps, maintenant que l'Inde s'est libérée du joug du colonialisme britannique, mais la dépendance économique perdure, bien sûr...

Si je m'efforçais de sortir malgré la chaleur suffocante et malgré mon état pitoyable, c'était, bien sûr, pour me changer les idées, mais aussi et surtout, pour fuir cette atmosphère confinée qui ne me convenait pas du tout. J'avais envie de libérer mon corps de cette oppression si « delhictuelle » qui me tenaillait de façon permanente et je n'y parvenais pas.

Delhi, la ville où j'ai commencé à craindre l'existence d'une vie après la vie...

Delhi, la ville où j'ai commencé à avoir peur de la mort...

21 avril 2010

Cela fait vingt-quatre heures que je vis ou plutôt, que je survis dans le Visitor Loundge de l'aéroport. J'ai mal dormi et c'est peu dire. Somnolence. Je suis (mal) assis en face du panneau d'affichage des départs : « cancelled... cancelled... cancelled... » et ça m'angoisse, mais je suis attiré par cet écran comme par un aimant. Je me force à écrire pour passer le temps et pour évacuer le stress. Toujours pas de date de départ et personne ne sait rien. Le peu d'informations que j'ai me vient de personnes qui sont dans la même galère que moi. Il faudrait une tempête, me dit-on, pour chasser les « ash clouds » et pour une fois qu'on en a besoin, il n'y en a pas !

Qu'il soit bien clair que je ne reproche rien aux Indiens. Dans leur grande majorité, ce sont des victimes, malheureusement... Enfin, disons... de pauvres diables... ! Je n'étais tout simplement pas prêt au choc. Les « senteurs de l'Orient » font rêver les Occidentaux. Quant à moi, les odeurs pestilentielles de Delhi m'ont fait descendre un peu plus profondément dans mon cauchemar, mais ce qui fait rêver les Indiens, ce sont les « parfums » de l'Occident : le gazole, les vapeurs d'essence et le pétrole, tout ça sur fond de jolis billets verts et nos euros ne sont pas bien loin derrière... ou dessous ce tapis qui tout en n'étant ni volant ni persan, n'en possède pas moins des vertus attractives aux yeux des « fauchés du tiers monde »

Comment jeter la pierre à quelqu'un qui vit dans un pays où le revenu moyen est de trente euros par mois ? Certes, les salaires sont variables et les techniciens en informatique de la « silicon valley » indienne à Bangalore ne se plaignent certainement pas de leurs traitements qui sont bien plus élevés que ceux de la moyenne des Européens, *a fortiori*, de ceux de leurs compatriotes moins chanceux. Comment blâmer le vol, l'escroquerie et la rapine dans un pays qui connaît une telle misère ? Ici, le moindre smicard ferait figure de nanti. L'Occidental est fatalement un homme riche puisqu'il est venu jusqu'ici et forcément pas à pied ni à vélo. Avoir les moyens de prendre l'avion où le bateau pour ses loisirs est une insulte pour ces gens qui crèvent de faim. Ils sont obligés de se « débrouiller » pour survivre, pour gagner ce qui leur est nécessaire et non, comme nous, pour le superflu parce que nous avons besoin de nous changer les idées lorsque le stress du métro-boulot-dodo se fait trop pesant et trop intense. Nous avons de la chance d'être nés du bon côté de la planète et dans le cœur de chaque Indien démuni se trouve un Robin des Bois qui sommeille et qui vole au riche pour donner au pauvre. Tu es le riche, il est le pauvre ! En te laissant voler ou escroquer, tu fais une bonne action. Chez nous, les chômeurs descendent dans la rue pour réclamer une prime à Noël. Ici, les démunis de tout font de la rue leur terrain de jeu, leur zone d'action et ils volent ou s'organisent en bande et constituent une mafia pour se lancer dans une vaste escroquerie qui leur rapportera bien plus que les menus larcins.

Elle échappera, bien évidemment, à la répression de la police locale, trop contente d'avoir à fermer les yeux. Dès lors, l'Européen qui se dit sans argent apparaît comme un menteur et, de ce fait, il mérite d'être volé ou escroqué. Comment ne pas comprendre non plus, que l'Occidental à pied, et fier de l'être, soit regardé comme un extra-terrestre ?

Je ne sais plus qui a dit que l'Inde est la plus grande démocratie du monde, mais quand on voit à quoi ressemble sa capitale, ça fait plutôt penser à une démocrassouille qu'à une démocratie. Je voudrais bien savoir l'effet que ça fait (mais pas tant que ça, en fait) d'avoir le droit de voter quand on n'a rien à becqueter dans sa gamelle... Beaucoup d'Indiens m'ont demandé si j'aimais l'Inde et si je reviendrais. Pour ne pas blesser mes interlocuteurs, j'ai toujours répondu « oui » (de toutes façons, mes raisons de répondre « non » auraient été trop longues à expliquer en anglais) mais je n'aime pas l'Inde au point d'avoir envie d'y retourner. Si je ne la hais point, je sens, au fond de moi, que c'est elle qui me déteste. Par ailleurs, j'exècre tout particulièrement Delhi, cette ville qui m'a fait comprendre à quoi pouvait bien ressembler l'enfer... J'ai bien noté les efforts déployés par elle pour me faire partir, puis, n'y parvenant pas et comme si j'avais franchi un point de non-retour, ses efforts se portèrent alors sur la femme que j'aime. Ça me rappelle cette réflexion du Dalaï-lama rencontrant des Chrétiens qui voulaient se convertir au bouddhisme : « vous avez tout ce qu'il faut chez vous, vous, les Chrétiens ! »

Nous étions heureux avant de partir. Nous nous aimions et ce voyage aurait dû être comme un voyage de noces. L'Inde n'ayant pu se débarrasser de moi, ses griffes, comme celles d'un rapace, se refermèrent sur ma compagne. Son psychisme autant que son physique, l'un et l'autre vérifiant le principe des vases communicants, étaient déjà largement agressés par la chaleur accablante, toujours située entre 40 et 45°C. Dans ces conditions, comment expliquer une situation si complexe à une personne se trouvant déjà dans un état qui interdit l'intelligence des choses les plus simples ? Christine partie, je me retrouvais seul et, par conséquent bien plus fragile et fragilisé. Je pense à ces femmes bien craintives qui cessent d'avoir peur lorsqu'elle sont devenues des mamans et qu'elles ont un tout petit être à protéger et à ces laies qui chargent lorsque leur marcassin est en danger. Christine était faible, trop faible pour continuer et rester en Inde. Elle partie, c'était moi qui devenais faible et fragile, à la merci de cette ville sans divinité dédiée, si ce n'est celle de la misère, de l'huile de moteur et de la magouille mafieuse, mais qui constitue un panthéon à elle seule, un panthéon inversé et infernal... Vous êtes sceptique ? C'est votre droit ! Moi aussi, je l'étais lorsque j'ai appris qu'une terre de glace (Islande = Ice Land ou Eis Land) se mettait à cracher du feu... Le plus dur à supporter, dans ces cas-là, c'est la solitude. La gamberge fonctionne en boucle et à sens unique. Pas de contradiction, pas d'opposition donc pas de conclusion. Pas d'antithèse donc pas de synthèse.

J'ai aimé les sourires et les mains tendues des enfants, pas celles qui mendient et qui vous crachent leur pauvreté à la figure, mais celles qui cherchent la vôtre dans un geste d'amitié ou de fraternité universelle. J'ai aimé les saris colorés des femmes, mais, finalement, seul le charmant couple qui gère la « green Villa » de Bikaner m'a, somme toute, donné envie de garder le contact. Je vois d'ici mes lecteurs froncer les sourcils comme pour me dire : « quelle intolérance ! » Je mérite sans aucun doute un tel jugement... Je ne me cherche pas d'excuse car tout ceci explique fort bien, trop bien même, mon état mental du moment. Sans doute, à ce moment-là, n'étais-je déjà plus moi-même ou peut-être bien que si, justement... Les événements avaient fait en sorte, à cet instant précis, que le vernis avait craqué et que je me montrais tel que j'étais... Je me sentais mal à l'aise parce que « mis à nu » par ce que je vivais et que je vivais mal. Au cours des heures précédant mon départ, je me suis lié avec des Français du Cantal, en quête, comme moi, d'un vol-retour. A ce moment-là, j'ai commencé à me sentir mieux et je me suis même surpris à rire lorsque l'un d'eux s'est exclamé :
- L'année prochaine, vacances en Auvergne !

A peine ai-je obtenu une place dans un avion que je conjugue déjà l'Inde au passé ou plutôt, à l'imparfait, avec un sentiment profond d'inaccompli[4].

4 Petite pensée pour Annick de Souzenelle qui rejette la notion judéo-chrétienne « du bien et du mal », et qui lui préfère celle « d'accompli et d'inaccompli », ce que d'autres encore ont nommé « maturité et immaturité spirituelles »

Je cours, je vole vers ce qui m'apparaît soudain comme la « delhivrance » tant attendue. Je ne fanfaronne pas car je pense à ceux qui n'ont pas encore trouvé de solution. J'ai aussi, en moi, la crainte de voir s'afficher le fatidique et redoutable « cancelled » sur le panneau d'affichage. Dans cette attente, l'arme la plus efficace est, sans aucun doute, la patience. Je crois que j'ai acquis cette qualité et je ne vois pas ce qui pourrait encore me mettre hors de moi, maintenant. Même la fouille minutieuse d'un fonctionnaire un peu trop zélé ne parvient pas à me faire sortir de mes gonds. Il me bouscule en aboyant ses consignes, mais je décide de laisser glisser. Les Français sont prioritaires, paraît-il, et peut-être bien que ça l'agace... ce que je peux comprendre. Je reconnais quelques visages en croisant les groupes qui se sont formés par nationalités ou plutôt, par affinités de langage... Je me revois arrivant ici, désireux de me rendre à Haridwar pour assister à la Kumbh Mela. Le pèlerinage se fait en car. Pas facile de longer le Gange car les bords en sont escarpés. Compte tenu de la façon de conduire des Indiens, faire la route à pied, c'est bien pire et ça fait peur ! Non, décidément, Delhi n'est pas Compostelle et l'Inde n'est pas l'Espagne, même s'il existe un pèlerinage à saint Thomas institué du temps de la présence de colons portugais dans le sud-ouest du pays, même si l'on constate la présence de symboles chrétiens dans certaines fresques hindoues. Il est vrai que ces symboles-là, on les retrouve dans le culte vaudou, ce qui avait, d'ailleurs, le don de taper sur les nerfs de Sa Sainteté le Pape au dix-neuvième siècle...

Le syndrome du rail :

Au risque de le décevoir, je préfère avertir le lecteur que s'il est question ici de ligne et de rail, il ne s'agit nullement pour moi de parler de substances illicites dont la consommation reste interdite tant en Inde qu'en France... Je tiens seulement à raconter les péripéties qui nous empêchèrent, Christine et moi, d'utiliser le chemin de fer. Nous avons, en six mois de vie commune, acheté une multitude de billets de train en les réservant sur le site internet de la S.N.C.F. Il ne nous a jamais été possible pour autant de prendre le train ensemble. J'ai pris le train seul le 23 octobre 2009 pour me rendre de Paris à La Baule et depuis, plus rien. Nous réservions des places de train que nous n'utilisions pas, le plus souvent à destination de Paris dans le but avoué d'aller voir « nos mères » Ces billets n'ont jamais été utilisés. Il y avait toujours un événement de dernière minute qui nous empêchait de partir. Il serait sans doute fastidieux de les énumérer tous. Je me bornerai donc à raconter l'un d'eux, le plus spectaculaire, peut-être, et, en tout cas, le plus significatif.

Christine avait trois hommes dans sa vie qui étaient loin de constituer, à ses yeux, une sainte trinité : son père, son beau-père et le mari de sa mère. Trois hommes qu'elle estimait assez peu et à des degrés divers et variés, mais il est plus simple, je pense, d'en considérer uniquement la chronologie : un père génétique, un père adoptif et un beau-père à qui elle refusait ce vocable en référence et par respect pour le précédent. Bref, un trio dans lequel il ne lui fut pas aisé de reconnaître son identité. Compte tenu des mariages et des divorces qui suivirent, il lui était parfois difficile de se souvenir de son vrai nom et se réfugiait derrière son prénom choisi par une mère, catholique fervente, pour laquelle un prénom ne pouvait commencer que par une invocation à « Notre Seigneur Jésus » (Christine = Christ in = Christ dans). Le troisième mari était le comptable du deuxième. C'est donc en connaissance de cause et en connaissance de comptes que le troisième épousa la veuve du second mari. Ce vilain bonhomme avait commis l'impardonnable erreur d'accueillir Christine avec un « bienvenue à la maison ! » au seuil de celle qui avait été la sienne depuis sa plus tendre enfance.

Je fis la connaissance de cet homme sur ce lit de douleurs qui allait devenir son lit de mort. Je ne le connais donc pas assez pour dire si, oui ou non, l'argent était la seule motivation qui le conduisit à contracter ce mariage. Toujours est-il que l'effondrement du CAC 40 l'amena à développer un cancer et à suivre physiologiquement la chute de la cotation assistée en continu.

Le plus surprenant fut la date choisie par le malade pour quitter ce bas monde. C'est cette date, précisément, qui me ramène à mon propos. Nous avions pris des billets de train pour le 8 janvier afin de prendre l'avion pour aller en Inde car c'était là, la date initialement prévue pour notre voyage.

Le malade mourut le 6 et Christine en fut avertie le même jour par sa mère. Compte tenu des intempéries, il eut sans doute été plus raisonnable d'attendre le 8 pour partir en train, mais Christine décida de partir le 7 en auto. Qu'on se rappelle à quel point l'hiver 2009/2010 fut rigoureux ! Le doux climat océanique n'empêcha pas la froidure d'envahir le Pays Blanc ainsi nommé, non à cause de la neige, mais pour le sel qu'il produit et qui fait sa réputation. Je protestai timidement, arguant du fait qu'il serait plus sage de partir le lendemain et me réjouissant secrètement de prendre enfin le train avec Christine. Peine perdue : Christine avait décidé de partir le 7 et nos billets de train rejoignirent leurs prédécesseurs dans la poubelle sans parler des suivants, ceux qui furent achetés après. Il nous fallut sept heures pour rejoindre la capitale revêtue de son blanc manteau. L'autoroute était bloquée par les poids lourds en stationnement forcé. La progression dans les congères étant de plus en plus difficile, nous quittâmes l'autoroute pour rejoindre Dourdan grâce aux lumineuses indications de notre G.P.S. Nous dépassâmes rarement les trente kilomètres à l'heure au cours de ce parcours.

Dans ces conditions, le lecteur n'aura aucune difficulté à imaginer quelle fut ma frayeur lorsque Christine se mit en quête de nos billets de retour pour le 25 mai, date à laquelle nous étions censés rentrer de Delhi.

J'émis quelques protestations en faisant allusion à tous ceux qui avaient servi précédemment à enrichir la S.N.C.F. et elle seule, mais en vain car « il fallait prévoir ! »

A son retour, Christine fut contrainte d'acheter un autre billet et un seul. Moi, je savais que ça ne se passerait pas « comme prévu » Malheureusement, une fois encore, les événements se précipitèrent et me donnèrent raison.

Ô ! Comme j'aurais préféré me tromper. Je suis un homme réaliste, bien ancré dans la terre et la matière, même si les beaux yeux de Christine m'ont fait perdre la tête et que depuis, je me sens le cœur dans les étoiles.

Le tarot consulté avant le départ prévoyait un grand voyage et de grands bouleversements ! Le moins que l'on puisse dire, c'est qu'il ne s'était pas trompé... Cela ne me rend pas amer... juste un peu... perplexe ! Et mon libre-arbitre, alors ?

Une fois de plus, je ne fus pas déçu. Notre périple au Rajasthan se terminait, en principe, à Agra et devait être suivi d'un parcours en train de la cité moghole à la ville dédiée à la déesse Kali, la déesse hindoue de la mort. J'aurais voulu pouvoir admirer le Taj Mahal baignant dans ces pâles lueurs de l'aurore si semblables à des pétales de roses jetées sous les pas d'une bien-aimée, mais les milliers de touristes s'y succédant en foule m'ont aidé à me faire une raison.

Le temple de l'Amour m'aurait-il aidé à faire le deuil des miennes ? Je me disais que prendre le train d'Agra à Bénarès nous aurait permis de conjurer le mauvais sort qui nous condamnait, Christine et moi, à ne jamais utiliser le chemin de fer ensemble, mais, là encore, cela nous fut impossible... Cet acharnement à acheter des billets de train et à ne pas les utiliser démontre s'il en est besoin, l'incongruité de vouloir tout prévoir, y compris les imprévus et les imprévisibles, quand on décide de tout au dernier moment. Inutile de rappeler à quel point ce comportement constitué de schémas répétitifs est névrotique... Il faut aussi, bien sûr, considérer qu'un tel gaspillage nécessite un réel budget, mais ces considérations apparaissent comme mineures dès lors qu'on veut bien tenir compte du fait qu'il s'agit là de signes. Si on veut bien leur accorder une réelle existence permettant de leur confier une quelconque importance, on comprend bien vite que cette « signification » n'est pas, ô combien, des plus positives... Les signes nous parlent... Bien plus, il nous sont envoyés ! Par qui ? Je ne sais pas et j'ai bien envie de dire que là n'est pas le problème... Ce qui ne veut pas dire que cela n'ait aucune importance. Je remarque très souvent l'air éberlué des personnes, y compris et surtout les adeptes du positivisme, qui sont confrontées à ce que j'appelle des signes. Bien sûr, cela fait rire les contemporains d'une époque où l'on ne croit plus à rien parce que c'est à la mode. Comme disait mon prof de philo : « la croyance est affaire de religion »

Je fuis toute société qui contraint ses adeptes à un quelconque credo et tout particulièrement l'Église catholique qui oblige ses fidèles à passer par un intermédiaire. Non, vraiment, lorsqu'il m'arrive, rarement, il est vrai, d'assister à un office du Rite romain, je ne peux me résoudre à laisser quelqu'un s'adresser à Dieu à ma place. « Heureux les simples en esprit, le Royaume des cieux est à eux » nous disent les Évangiles, mais si être simple, ça veut dire qu'on pense à ma place, je ne suis pas d'accord... D'ailleurs, la traduction du latin en français est une imposture : « Credo in unum deum » signifie « je crois en un dieu qui est un » et non « je crois en un seul dieu » Chaque humain possède en lui une petite parcelle du grand Tout. Tous les humains peuvent devenir des dieux dès lors qu'ils parviennent à faire l'unité en eux.

Cette histoire d'intermédiaire me fait penser à ces journalistes qui se plaignent parce que, grâce à internet, le public a accès à l'information sans qu'elle soit filtrée par eux... Un comble, non ? Ça ne leur suffit pas d'avoir un éditeur à leurs pieds dès qu'ils écrivent trois malheureuses lignes sur leur misérable petite vie de gratte-papier (ce que je suis, moi aussi, je l'avoue bien humblement) ? Ça ne leur suffit pas non plus de balancer au journal de vingt heures : « on a volé la voiture de notre collègue x, si vous la voyez, appelez d'urgence tel numéro ! » Et le smicard qui se fait tirer sa caisse, comment fait-il ? Bah, il se débrouille pour s'en acheter une autre.... Oh ! Pas une neuve, bien sûr...

Les journaux se vendent de moins en moins et de moins en moins bien. Peut-être que s'ils étaient moins inintéressants...

Que doit-on penser d'une mode qui oblige à être en perpétuel conflit avec la jeunesse ? Que penser de jeunes qui, à la question : « que faites-vous ? » répondent avec une moue de dédain : « on essaie d'avoir l'air le plus minable possible ! » Est-ce mieux ou moins bien que la jeunesse d'une époque où il était de bon ton de sauver les apparences ?

Je hais ce monde plein de menteurs et de mensonges. Je me répète, chaque jour que fait le Grand Horloger, que l'être est plus important que le paraître... Néanmoins, je crois aussi qu'essayer d'avoir l'air bien, ça aide à être bien, avoir l'air en bonne santé, ça aide à être en forme, même si « avoir bonne mine » ne fait pas tout. Avoir l'air heureux, ce n'est pas forcément avoir l'air bête et ça permet d'aller mieux. Le bonheur est un état d'esprit. Il faut vouloir être heureux pour le devenir, même si ça ne suffit pas.

Quant aux petits Indiens que l'on rencontre dans les rues de Delhi, « ils voudraient bien avoir l'air, mais ils n'ont pas l'air du tout... » Et s'ils ont l'air minable et cela seulement, c'est parce que leurs conditions de vie sont minables. Donnons-leurs les mêmes chances qu'aux jeunes Européens et ils auront, eux aussi, le désir de « paraître » Ils ressentiront, eux aussi, le désir « d'avoir l'air »

Accepter l'existence des signes est une chose. Savoir les lire et les interpréter en est une autre. Se précipiter sur un dictionnaire des symboles ou sur un ouvrage de vulgarisation pour l'interprétation des rêves n'est pas forcément la bonne solution. Il faut plutôt ouvrir son cœur et voir ce qu'il y a dedans. Bien évidemment, je ne parle pas de ce cœur qui bat plus ou moins vite au rythme de nos émotions, mais bien plutôt de celui qui est notre centre, ce chakra que nous appelons le plexus solaire pour souligner le fait qu'il est le soleil de notre organisme, celui autour duquel tout le reste devrait tourner en harmonie.

Je viens de parler d'émotions et en écrivant ce mot, je ne peux m'empêcher de penser à cet enfant qui avait reçu une gifle parce qu'il n'avait pas pleuré à l'enterrement de sa grand-mère... Oui, mais vingt-cinq ans après, il pensait encore à elle avec tendresse alors que les pleureuses du jour des obsèques l'avaient bel et bien enterrée et mise aux oubliettes dès ce jour-là... Cela s'appelle « faire son deuil » me direz-vous... En même temps, je me dis que l'auteur de la gifle avait sans doute quelque chose à expulser... Il fallait bien que ça sorte et s'en prendre à un enfant, c'est tellement plus facile !

Pleurer ne signifie pas obligatoirement qu'on est malheureux. Rire ne signifie pas forcément qu'on est heureux. Nos émotions sont parfois de belles menteuses !

22 avril 2010

N'est-il pas surprenant de constater qu'à aucun moment je ne fus victime de la fameuse barrière du langage dans un pays situé en Asie et à six mille neuf cent soixante-trois kilomètres de chez moi à vol d'oiseau ? J'ai souvent été confronté à cette frontière linguistique sur le Chemin de Compostelle en Espagne, donc en Europe. De ceci, je déduis qu'il est plus facile de communiquer avec les démons de l'enfer que d'entrer en relation avec les dieux de l'Olympe. Il est plus facile d'approcher le diable que de s'approcher de Dieu. Dieu choisit ses élus. Satan laisse tout le monde venir à lui. Oui, l'enfer est plus démocratique que le Ciel. Peut-être, devrais-je dire « démagogique » ? L'enfer pour tous ! Le Paradis pour les seuls élus... Sommes-nous donc prédestinés ? Sommes-nous, dès la naissance ou peut-être même avant, voués aux flammes de l'Enfer ou à l'ambroisie et aux sourires des anges du paradis et cela, quoi que nous fassions ? Pour la géhenne, celui qui défend la veuve et l'orphelin ? Pour l'Éden, des monstres comme Hitler, Staline ou Néron, à condition, simplement, qu'ils soient marqués du grand Sceau ? Allons... Foutaises ! Et la Révolution de 1789 ? Vous savez, celle qui a été faite par le tiers-état contre la noblesse au profit de la bourgeoisie... Et le Front populaire ? Y'a pas ça là-haut ? Et les Droits de l'Homme ? Le statut des vivants serait-il donc supérieur à celui des morts ? Et de quel droit ?

Ah, ouiche ! Seigneur, si je peux me permettre, y'a un sacré coup de balai à donner chez vous, là-haut. Ça doit sentir la vieille poussière et le renfermé. Ne me dites pas que votre paradis est comme les salles des archives de nos administrations avant le classement informatique !

Moi, je l'avais plutôt imaginé comme une cave où le bon vin coule à flots et en permanence comme dans la célèbre chanson des chevaliers de la table ronde, un endroit où on fait la fête...
- Comment ? Ah ! Il faut aller chez Bacchus... Pourtant, Jésus et les noces de Cana ? C'est une autre histoire ? Bon, d'accord !

Ah ouigre ! Pour sûr que c'est une autre histoire : Noé a six cents ans quand il entre dans l'arche juste avant le déluge. Jésus transforme l'eau de six récipients de cent mesures en vin. Six cents est le nombre de la transformation. Et si on le sait pas ? Bah, si on le sait pas, on rigole et on se gausse : Noé, six cents ans ? Ah ! Ah ! Ah ! Jésus transformant l'eau en vin ? Ah ! Ah ! Ah ! Il travaillait chez Nicolas ou quoi ? (« les fines bouteilles », pas le « big chief » de la Sarkozie). Ou alors, c'est son père (le charpentier, pas le Trés-Haut !) qui a fabriqué des tonneaux magiques spécialement pour le fiston ? Té, rigole, va ! Moi, je sais bien, comme y disait l'autre Jésuite, que le diable, il a jamais été aussi puissant ! Il arrive même à faire croire aux hommes du vingt-et-unième siècle qu'il n'existe pas...

Moi, ce qui me fait rigoler, c'est d'imaginer Noé entouré d'eau pendant quarante jours et qui se met à planter de la vigne en débarquant de son rafiot... Il avait pensé à embarquer tous les animaux de la Création. Donc, côté casse-croûte, pas de problème, mais il avait oublié la boisson pour faire glisser... Impardonnable à une époque où les contrôles d'alcoolémie étaient encore chose rare ! Quelques milliers d'années avant le prolixe Mac-Mahon, il devait se dire « que d'eau, que d'eau ! » en voyant à quoi se réduisait soudain son univers. Ça, ça ne fait rire personne parce que tout le monde est capable de comprendre cette image : le pauvre Noé condamné, comme Obélix, à manger du sanglier sans avoir le droit de boire de la potion magique ! Sauf que lui, il n'est pas tombé dedans quand il était petit, « On » (le Très-Haut, cette fois) l'a collé dedans à six cents ans, mais c'était un malin, Noé ! Lui, il ne s'est pas laissé faire par un druide armé d'une machette en or (vous avez déjà essayé, vous, de couper quelque chose de dur comme les branches d'un chêne avec un outil en métal mou comme de l'or ?). Au pain sec et à l'eau pendant quarante jours... Tout le monde compatit et plus personne ne rigole. Si vous ne le comprenez pas, demandez à un marin ce qui arrive à un cuistot embarqué et qui ne se montre pas à la hauteur de sa mission... Noé avait pris en compte le monde animal et, chaque jour, il scrutait l'horizon à la recherche d'une terre émergée, montrant ainsi qu'il avait également le souci du monde minéral, mais il avait complètement zappé le monde végétal.

En atterrissant sur le Mont Ararat, il rattrape le temps perdu et se met à cultiver la vigne pour faire amende honorable, en quelque sorte...

Il faut le comprendre, ce brave homme, il a envoyé, en reconnaissance, le noir corbeau qui a oublié de revenir, puis la blanche colombe qui revient avec un rameau d'olivier. Dès lors, il a dû se dire qu'un petit coup de rosé avec les olives à l'apéro, ce serait bien plus sympa. Le petit côté méridional du patriarche en quelque sorte...

Et Rome ? Ça vous fait pas marrer, Rome ? « Rome, unique objet de mon ressentiment ! » Rome, centre du monde catholique alors que le Christ a été crucifié par... les Romains... Pfft ! Ça sent pas l'escroquerie, ça ? Une petite secte juive qui suit son petit bonhomme de chemin jusqu'en 325 (concile de Nicée) lorsque ce brave Constantin, empereur de son état et, de ce fait, digne successeur de Jules César, comprend alors et avant tous les autres, l'intérêt qui réside dans un accord avec l'Église dont la prépondérance s'affirme un peu plus chaque jour... J'ai le pouvoir temporel, tu as le pouvoir spirituel : je te soutiens, tu me soutiens... On pourrait presque le chantonner sur l'air de « je te tiens, tu me tiens par la barbichette » sauf que la tapette, ça sera pas pour le petit Jésus parce que lui, ça doit pas le faire rigoler, ou alors, jaune ! Oui, c'est vrai que ça arrangeait bien quelques hautes instances juives que Jésus soit crucifié et non lapidé et surtout, comme par hasard, celles qui se trouvaient proches de Rome et qui s'accommodaient parfaitement de la présence de l'occupant. Ce qu'en d'autres temps et en d'autres lieux, on appellera de la « collaboration » tandis que le brave Pilate, lui, il ne veut pas voir ça et il s'en lave les mains. En bon troufion et en bon serviteur de l'état romain, en bon adjudant de César aussi, il aurait tout aussi bien pu dire : « j'veux pas l'savoir ! » mais les mains humaines avec leurs cinq doigts ont un lien de parenté avec nos cinq sens et elles sont sources de connaissance. Toucher, c'est faire connaissance. Nos enfants le savent bien que nous appelons des touche-à-tout !

Si « le Roi des Juifs » avait été lapidé au lieu d'être crucifié, il ne fait aucun doute que la face du monde en eut été changée et bien plus que par le nez de Cléopâtre... Les Manuscrits de la Mer morte découverts à Qumrân font état de la rébellion qui secouait la Judée au premier siècle de notre ère. Le Club Med n'existait pas encore. La Palestine était loin d'être une région paisible ou un lieu de villégiature et l'histoire des révoltés de Judée fait apparaître le « Nazaréen », non comme le messie, mais plutôt comme un terroriste. On comprend dès lors que le Vatican ait pu voir d'un mauvais œil la divulgation du contenu de ces documents. Bah oui, ça fait désordre et ça fait tout de même apparaitre quelques contradictions... Les Catholiques estiment que Jésus est né à Nazareth, mais ce village fut construit en 64 après Jésus-Christ, donc bien après sa mort... et sa résurrection.

En fait, il est bien plus probable que Jésus ait choisi le « nazaréat », un vœu qui contraignait l'impétrant à ne pas consommer de vin (savoir transformer l'eau en vin et ne pas en boire, c'est un peu dommage, mais bon !), à ne pas se couper les cheveux (ce que Dieu fait pousser) et à ne pas s'approcher des cadavres. D'ailleurs, ceux qu'il touchait se retrouvaient vite sur pied (même le jour du Sabbat) ou bien, il s'en éloignait en disant « laisse les morts enterrer les morts » Ne pas se couper les cheveux est une coutume qui fera des émules. Certains iront même jusqu'à dire que Jésus-Christ était un hippy ! Les longs et fins cheveux servent de récepteurs tandis que les poils durs et courts servent d'émetteurs. Jésus était en connexion avec son père céleste. Il avait aussi besoin qu'on l'écoute lorsqu'il haranguait les foules. Et puis, il y avait les apôtres qui étaient très demandeurs. Mais pour les moines copistes des deuxième et troisième siècles de l'ère commune, il était plus commode de parler de Nazareth. C'était aussi plus facile à enluminer. Et puis il est question du nazaréat dans les Nombres de l'ancien Testament et dans la Torah. C'était rappeler que Jésus était juif et on n'y tenait pas trop : insister là-dessus, ç'aurait pu fâcher Rome et sa hiérarchie ! Il n'y a pas si longtemps, les enfants des écoles de bonnes sœurs apprenaient que Jésus était un « gentil », ce mot n'étant pas compris au sens méridional du terme proche de « fada », mais dans sa signification littérale de « non-juif » André Chouraqui, dans sa Bible de Jérusalem, fait mention de Jésus de la « Galil des Goïm », la Galilée des non-Juifs...

Alors, c'est un peu compliqué et les moines de l'époque n'avaient pas accès à internet.

Rome... Roma... Le parfait inverse du mot latin « amor » : l'amour. C'est quoi le contraire de l'amour ? La haine ? Pas vraiment ! Ces deux concepts sont si proches qu'ils se touchent presque et s'entremêlent parfois comme le génie et la folie, même si ce mot est devenu tabou. Le contraire de l'amour, à mon avis, c'est plutôt l'indifférence...

Les peurs de l'an 2000 sont à l'opposé de celles de l'an 1000 et elles sont deux fois pires et bien plus puissantes. La peur matérielle, technologique, écologique, biologique et logique a succédé à la crainte spirituelle. Le grand bug fait suite au Big Bang et tout le monde en devient dingue... et pas seulement le volcan d'Islande ! Bon, laissons le G.O. de côté. Je ne parle ni du Grand Orient, ni des gentils organisateurs du Club Mèd, mais du Grand Ordinateur. Tu ne m'as pas choisi. Je ne suis pas ton élu, alors, moi, je ne vote pas pour toi non plus... Je suis plus attiré par les petits anges d'Anne Geddes que par ceux en cire qu'on achète à Carrefour à Noël.

Nous qui venions du pays blanc, nous retrouver dans un pays noir de cambouis, de graisse, de poussière et de saleté, ça nous a fait bizarre, bien sûr. Et puis, je repense à mon ange de Delhi qui était « so british ! »

Je vais vous dire le fond de ma pensée. Celui-là, je le méritais ! Pourquoi ? Vous savez, (non, vous ne savez pas, bien sûr) le thé m'a toujours donné envie de vomir. J'adore le passage de « Mary Poppins » de Walt Disney, où il est question d'un navire qui a coulé avec sa cargaison de thé. Ça se passe dans un port des U.S.A. et les mauvaises langues prétendent qu'il n'y a que des Américains pour boire un breuvage constitué de thé et d'eau de mer ! Oui, bien sûr, ce n'est pas pire que la sinistre marée noire qui menace les côtes de Floride et de Louisiane, mais bon... Moi, je n'aime pas le thé, mais, arrivé en Inde, j'ai goûté au « tea chaï » et j'ai été conquis. C'est bon et ça désaltère. Oh, bien sûr ! C'est moins bon que le « thé antillais » que ma mère fabrique avec beaucoup de rhum et... sans thé. Mais se désaltérer, c'est important dans un pays où on n'arrête pas de boire de l'eau, où on n'a pas l'impression de transpirer et où on ne va pas aux toilettes de la journée parce que l'eau du corps s'enfuit par les pores de la peau, ce qui prouve que l'on transpire énormément quand même. J'ai malgré tout un peu envie de rire quand je pense que si j'avais bu de la bière, j'aurais peut-être croisé un ange belge... ou un russe si j'avais bu de la vodka... ou un brésilien ou un colombien avec du café. En même temps, l'alcool ne court pas les rues en Inde (ou alors, j'ai mal cherché) et puis, avec un ange d'outre-manche, il n'y avait pas la barrière du langage... En tout cas, en ce qui me concerne, avoir passé quelques jours à Delhi et ne pas croire au diable, c'est au-dessus de mes forces...

Tout ça n'empêche pas les rues de la capitale indienne de vous balancer à la figure leur haleine fétide qui pue l'urine chaude et, croyez-moi, ce n'est pas que celle des vaches sacrées. Si vous parvenez à éviter les bouses et les crachats, vous aurez peut-être droit au raclement de gorge bien gras et bien profond de votre voisin : impressionnant ! Ça ne met pas en appétit, mais on s'y fait...

Allons, soyons justes, notre Moyen Age, ça devait bien ressembler un peu à ça, non ?

Bon, là, je me disperse...

Revenons à nos moutons ou, plutôt, à nos anges : blancs ou noirs ? Il n'est peut-être pas inutile de préciser qu'il n'y a aucune connotation raciale dans mon propos, juste le jeu des oppositions complémentaires, sujet que j'ai déjà amplement développé dans un autre de mes livres. Mais en rédigeant ces lignes, j'ai une pensée pour « la Flûte enchantée » de Mozart. Dans la plupart des représentations qui en sont données, les bons sont vêtus de blanc et les mauvais de noir, du moins, c'est ce qui apparaît au béotien. C'est l'évidence qui saute aux yeux si l'on se refuse à chercher ce qui se cache derrière et qui peut nous permettre d'aller plus loin. Mozart et son librettiste étaient-il racistes ? Je ne crois pas, mais ce dont je reste persuadé, c'est que ce mot est un mot moderne qui n'existait pas au dix-huitième siècle...

Malgré son accent, d'Oxford ou de Cambridge, je ne sais plus, mon ange blanc semblait surgi de nulle part. Sa peau était d'une pâleur extrême et il était de grande taille. Pas de cheval : ce n'était donc pas saint Georges ! Néanmoins, il était capable de terrasser tous les petits anges noirs qui me tournaient autour. Il semblait les connaître et les maîtriser. Mon diable noir était d'une grande douceur et d'une extrême gentillesse. Il attirait la sympathie, mais je commençai à me méfier de lui lorsqu'il m'invita à prendre un thé alors que je lui demandais la direction de la New Delhi Railway Station. Que me serait-il arrivé sans l'intervention de l'ange blanc, celui qui parlait le langage de la perfide Albion ? Je l'ignore, mais ma méfiance allait en grandissant car son physique m'inquiétait. Son sourire me rappelait quelqu'un, mais qui ? Soudain, je vis que ses cheveux bruns frisés formaient deux petites cornes au-dessus de son front et là... j'eus la révélation de l'identité de ce personnage. Il était la copie conforme, le copié-collé d'Asmodée, le démon qui se trouve représenté sur le bénitier de l'église de Béranger Saunière à Rennes-le-Château, le démon de la luxure dont le nom hébreu signifie « celui qui fait périr » (inquiétant, non ?). Plus par politesse que par bravade, j'acceptai son invitation à prendre le thé dans un bar. Je me disais : « de toutes façons, cela ne m'engage à rien et j'ai bien besoin d'un tea chaï » Bien sûr, si j'avais été averti de la suite, à ce moment précis, je serais monté dans le premier rickshaw et j'aurais pris la direction de l'aéroport pour rentrer avant l'éruption volcanique qui allait m'empêcher de le faire pendant les cinq jours et les cinq nuits suivants... Je croyais avoir le temps et j'entrai dans le bar sans savoir ce qui m'y attendait. Là, le harcèlement moral s'intensifia car d'autres petits démons arrivaient et formaient un petit monde grouillant qui s'intéressait à moi, trop peut-être et de trop près... ou peut-être bien qu'ils en voulaient à mon argent, du moins, au peu qu'il me restait à ce moment-là. Je me sentais pris au piège et près d'aller rôtir en enfer, mais, à quelques tables de là, regardant fixement dans ma direction, mon ange blanc, aussi blême que britannique, surveillait la situation sans maudire, pardon, sans mot dire... A ce moment-là, j'ai su que c'était à moi de parler, de mettre ma timidité dans ma poche avec mon mouchoir dessus. La présence de mon ange protecteur me donna force et vigueur et je parvins à dire dans un anglais approximatif, mais suffisamment dissuasif pour obtenir un répit : « La seule chose que je désire maintenant, c'est être tranquille et qu'on me foute la paix ! »

Je ne crois pas que j'aurais eu le courage de dire « non » en l'absence de mon ange à l'autre extrémité de la diagonale du fou qui me séparait de lui sur cet échiquier dont les cases étaient composées de tables et de chaises disposées en damier. Il me regarda, sembla satisfait de son protégé et, devinant la suite, s'interposa pour m'éviter d'être roué de coups par le plus costaud. Mon protecteur écarta ses doigts. Allait-il prendre son envol ou jeter un sort ? Non, il posa sa main sur le ventre de mon antagoniste. Ce faisant, il terrassa le dragon car le ventre se rapporte à l'élément terre et le dragon représente les forces telluriques. Il fut donc mon ange gardien à la manière des entités rencontrées, à maintes reprises et en différentes occasions, sur le Chemin de Compostelle en 2007. C'est une erreur de représenter démons et sorcières comme des monstres de laideur. Si c'était le cas, ils n'exerceraient aucun pouvoir attractif et ne seraient pas dangereux. La laideur repousse. La beauté attire même si elle est diabolique... J'étais parti à Compostelle pour chercher Dieu et c'est moi que j'ai trouvé. Je suis parti en Inde pour me chercher encore un peu plus profondément et c'est le diable que j'ai rencontré à tous les niveaux, à tous les coins de rue et en moi-même. Comme dit l'autre, « si Dieu me cherche, il sait où me trouver », mais il ne me cherche pas. Chaque homme possède une parcelle de divinité et possède donc également une part de démon. Pour moi, Dieu n'est pas ce vieillard barbu qui siège sur un trône doré quelque part en plein ciel. Satan n'est pas, à mes yeux, ce monstre cornu que notre Moyen Age se plaisait à sculpter pour faire peur au petit peuple crédule. Je vois Dieu comme un océan de néant et d'obscurité. Je vois le diable comme une « contradiction » car c'est la signification des racines latine et grecque, « diabolus » et « diabolos » C'est cette contradiction bien humaine que nous portons en nous tant que nous n'avons pas mis en adéquation notre être intérieur et notre être extérieur, l'essence et l'existence, ce que nous pensons et ce que nous faisons, nos pensées et nos actions, notre philosophie de la vie et notre façon de la vivre.

Est-il possible de bien faire quand on vit dans le mal ? Mal faire, et quelquefois involontairement, quand on vit dans le bien semble bien plus facile et c'est ce que nous faisons le plus souvent tant que nous sommes tiraillés entre le ciel et la terre, entre la matière et l'esprit, tant que nous n'avons pas réussi à marier les deux, mais aussi par manque de ce courage nécessaire pour mettre en œuvre nos belles idées. Comment assurer la solidité de la construction si la charpente est pourrie ? J'en arrive à me demander si celui qui vit dans le mal et qui fait le mal n'est pas plus près de Dieu que celui qui vit dans le bien et qui ne fait pas le bien. Cette idée me chagrine beaucoup, mais j'ai beau chercher des arguments pour la réfuter, je ne trouve rien. L'homme qui se trouve au plus près de Dieu est, à mon sens, un homme droit au cœur pur, sans contradiction aucune, comme le Galaad de la légende du Graal, mais lorsque la droiture devient rigidité, elle devient une épée et ça fait peur...

Je mets de côté « l'athée stupide et le libertin irréligieux » ainsi que le frimeur qui se dit « non-croyant parce que ça fait classe », mais pour ne pas croire au diable, il faut vraiment être aveugle. Il est de bon ton aujourd'hui, de ne croire en rien, mais refuser de voir ses propres contradictions, c'est vraiment de l'aveuglement. Vous voulez être heureux ? Ce n'est certes pas en pensant noir et en disant blanc que vous y parviendrez. Vous pensez non et vous dites oui parce que vous ne savez pas dire non. Moi aussi, mais il faut que ça change et vite !

Ça me rappelle trop l'histoire des petits singes... Vous croisez votre supérieur hiérarchique qui a trois petits singes sur l'épaule. Il vous dit qu'il est bien embarrassé parce que sa hiérarchie à lui l'a chargé de trois dossiers dans lesquels il patauge. Il vous en parle parce qu'il connaît votre compétence légendaire. Votre tact et votre doigté sont, bien entendu, les qualités requises pour le règlement rapide des problèmes soulevés. Il ne pouvait décemment pas confier de tels dossiers à une autre personne que vous... Bref, vous êtes l'homme (ou la femme) de la situation et vous n'êtes plus très loin de penser que vous êtes en train de devenir amis. Votre ambition est flattée (votre ego aussi !). Votre promotion et votre augmentation ne vous paraissent soudain plus très éloignées et le rêve, semble-t-il, est en train de devenir réalité. Vous acceptez la mission, bien sûr... Comment la refuser ? Mais votre nuque vous semble soudain bien lourde, non, alourdie, et en jetant un coup d'œil sur le côté, vous vous rendez compte que les trois petits singes sont venus s'installer sur votre épaule. Vous regardez votre chef qui s'éloigne d'un pas léger... Il n'y a plus de petits singes sur son épaule à lui. Vous avez soudain le sentiment de vous être fait rouler.

Demain, quand vous croiserez à nouveau ce triste personnage, vous aurez droit à un timide petit singe, non, signe, de tête en guise de bonjour, à moins que ce soit un pâle sourire ou un clin d'œil signifiant : « je t'ai bien eu ! »

Faut faire quoi comme job pour être bien dans ses baskets ? Dans le privé, on a un « big boss » Dans le public, on a plein de petits chefs et si vous êtes le patron, vous vous sentez incompris de vos subordonnés. Bien sûr, il y a « la plus grande entreprise de France » : l'artisanat, mais là, ce sont les clients qui tiennent les cordons de la bourse. Ce sont eux les décideurs et ce n'est pas simple non plus... C'est pas la faute à Voltaire, c'est la faute à la crise : « y'a qu'à, faut qu'on ! » Le client est roi... mais nous sommes en république !

Restent les professions libérables. Médecin ? Ah oui, ça, c'est gratifiant ! Vous avez le sourire parce que votre femme vient de vous annoncer que vous allez être papa et vous devez vous composer une gueule d'enterrement parce que vous allez annoncer à votre prochain patient qu'il a un cancer et qu'il n'a plus que six mois à vivre. Et ce n'est pas tout, figurez-vous que le dit patient, il est comédien et qu'il doit faire rire tout le monde, ce soir, quand il sera sur scène alors qu'il a plutôt envie de se jeter dans la Seine pour faire l'économie des six derniers mois. Jouer la comédie, quand votre vie est une tragédie, c'est pas le pied, ça fait plutôt « clown triste » Bon d'accord, être un « intermiteux » du spectacle, ce n'est pas vraiment une profession libérale, mais, bon sang d'bois, je suis seulement en train de vous expliquer que jouer la comédie, ça ne rend pas heureux... Le rire forcé, c'est comme la simulation du plaisir : c'est pas la joie !

Vous en connaissez beaucoup, vous, des artistes qui ne sont pas des gens torturés ? Moi, j'ai envie de dire qu'au vingt-et-unième siècle, c'est une denrée rare...

Autre exemple ? Écrivain, c'est bien ça, écrivain... ou plutôt, « auteur », pour faire simple, même si ça ressemble un peu trop à « hauteur » Ça commencera surtout à être vraiment sympa le jour où ce sera l'auteur qui rémunèrera son éditeur... et c'est pas demain la veille !

Et avocat ? C'est pas mal non plus, avocat ! Même si leurs grands effets de manches, ça fait pas beaucoup de différence avec les comédiens. Moi, j'ai rien contre le barreau... ni contre les barreaux de chaise, surtout quand ils sont roulés sur les cuisses des jeunes filles de la Havane quoique je sois contre toute forme de tourisme sexuel, comme tout le monde, bien sûr, mais depuis que j'en ai vu un s'engueuler avec un procureur de la République au cours d'une audience pour lui demander, juste après, où il déjeunait à midi, je me dis qu'on vit dans un drôle de monde. Copains de fac ? Pourquoi pas ? Celui qui a réussi le concours d'entrée à l'École Nationale de la Magistrature et celui qui l'a raté ? Peut-être. Celui qui veut faire carrière et celui qui veut faire du fric ? Sans doute.

Ça me rappelle une histoire assez croquignolette :

Une dame assigne son mari devant la Justice (« la seule administration dont le nom est une vertu ») parce que celui-ci entendait la contraindre à lui pratiquer une fellation. L'auteur et sa victime sont convoqués au tribunal et là, après l'échange rituel des banalités habituelles, l'avocat de la partie civile tend le bras et, tout en désignant l'accusé, dénonce « cet homme qui entendait faire de la bouche de sa femme le tombeau des générations futures » Le plus comique, c'est que ce même avocat, grand défenseur de la morale, a fait, peu après, l'objet d'une procédure en outrage public à la pudeur (on dit aujourd'hui : « exhibition sexuelle »), infraction constatée en un lieu habituellement... presque « traditionnellement », fréquenté par des prostituées. Bah oui ! Morale et justice ne sont pas synonymes... Faire la morale et avoir une morale de fer, ce n'est pas tout à fait la même chose...

Moi, j'ai mon idée là-dessus, mais elle n'engage que moi, bien sûr. Je crois que le seul travail qui ne m'aurait pas rendu malheureux, c'est le « franc-mestier » de tailleur de pierre... pas aujourd'hui, non, mais au Moyen Age, à une époque où « artiste » et « artisan » n'étaient qu'un seul et même mot qui désignait ceux qu'on appelait « les imagiers », ceux qui ne se gênaient pas pour sculpter une pierre représentant un évêque coiffé d'un bonnet d'âne comme à Notre-Dame de Paris, une façon comme une autre d'employer la rime unique du verbe perdre conjugué à la première personne du singulier du subjonctif à l'encontre d'un clergé donneur d'ouvrage qui se faisait souvent tirer l'oreille pour payer ce qu'il devait à ses « œuvriers » Oui, cette image se trouve en hauteur, à l'abri des regards et, surtout, loin des yeux de Monseigneur dont la vue devait être encore plus basse que sa bourse était mince... Comme disait ma grand-mère, brave paysanne vendéenne pleine de ce bon sens qu'ont les gens de la terre, « eux z'autres, l'ont la goule qui marche comme un t'chu d'canne, mais le sont bé plus larges de goule que d'mains.[5] »

Là, je suis bien obligé de faire un petite pause, non, ce n'est pas vraiment une pause, c'est plutôt une hésitation... Le bonnet d'âne, ça nous rappelle l'école, ça sent le piquet, debout derrière le tableau noir avec l'odeur fade de la poussière de craie... C'est un spécialiste qui vous en parle. Bref ! En un mot, c'est la sanction, mais si on y regarde d'un peu plus près, on se rend compte que le bonnet d'âne, ce n'est pas tant pour faire honte au mauvais élève, c'est plutôt pour lui montrer l'exemple de celui qui écoute parce qu'il ouvre grand ses oreilles. Et même si l'âne écoute sans pour autant avoir toujours l'envie d'obéir, il est réputé pour être un animal très intelligent, malgré la croyance populaire qui le dit « bête à manger du foin ! » Je ne suis pas un spécialiste de la gent animale. J'ai déjà beaucoup de mal à comprendre mes frères humains, mais on le dit bien plus intelligent que le cheval. Les oreilles d'âne représentent l'écoute silencieuse et le bonnet d'âne, l'exemple à suivre...

5 « Eux autres, ils ont la bouche qui marche comme le cul d'un canard, mais ils sont bien plus larges de bouche que de mains (plus bavards que généreux) » C'est plus joli en patois ? Je vous l'accorde...

Dans ces conditions, que penser de l'évêque au bonnet d'âne ? Respect pour ce dignitaire de l'Église coiffé de sa mitre ou moquerie destinée à fustiger l'avarice ?

Le malheur, c'est que nous n'avons aucun moyen de poser la question à celui qui a sculpté cette belle image de pierre...

La vie, la mort, le blanc, le noir, Tous les contraires s'attirent. Tous les complémentaires s'opposent. Trouver le juste milieu pour que le contenu soit en harmonie dans le contenant, pour que « ce qui est en bas soit comme ce qui est en haut » est plus facile à dire qu'à réaliser[6]...

Ça, c'est mon copain Hermès qui le dit. Non, pas le patron de la boutique ultra-chic de Paris, mais le dieu grec, fils de Zeus et de Maïa. Faut dire qu'avec sa table d'émeraude, il fait aussi dans le chicos, celui-là !

Je sais, il est aussi le dieu des voyageurs...

D'ailleurs, quand je le verrai, j'aurai deux mots à lui dire parce que pour sa fonction de conducteur des âmes aux enfers, c'était particulièrement réussi et je ne voudrais pas qu'il croit avoir affaire à un ingrat...

6 Il me semble que tout ceci est fort bien résumé par Albert Camus lorsqu'il écrit : « Qu'est-ce que le bonheur sinon l'accord vrai entre un homme et l'existence qu'il mène ? »

25 avril 2010

Je revois comme dans un rêve cet immeuble poussiéreux et crasseux bardé d'échafaudages. Tout Delhi est en travaux ou presque, mais les travaux cessent lorsqu'ils atteignent soixante-quinze pour cent d'achèvement. En regardant mieux, je vis que ce que j'avais d'abord pris pour un échafaudage était, en fait, un escalier. Peut-être, après tout, étaient-ce les deux : échafaudage le jour, escalier la nuit ou l'inverse. Une image me vint à l'esprit : celle de cette vieille toile d'araignée qui avait dû voir et supporter bien des générations arachnéennes et qui, tout en croulant sous le poids de la poussière, avoisinait une belle motte de beurre toute fraîche. Cette scène se passait dans la réserve d'un pâtissier chic d'une commune non moins chic de la région parisienne. Cet immeuble ressemblait à cette toile d'araignée... sans le beurre, avantageusement remplacé par cette graisse de moteur omniprésente dans les villes indiennes où les murs semblent peints à l'huile de vidange. Çà et là, quelques appareils de climatisation étaient les seules traces de vie et les seuls objets en fonctionnement dans les alentours. Mais ce qui acheva de me surprendre, ce fut ce panneau que je n'avais pas vu de prime abord et qui indiquait : « clinique de la santé »... Oh, fan de chichourle[7] !

7 Expression méridionale (on dit aussi : « fan de chichoune ! ») difficile à traduire littéralement d'autant plus qu'elle présente un assez large éventail de possibilités. Ce mot se rapporte aux sexe féminin (victime toute désignée de tant d'expressions imagées) et on pourrait le traduire par « fils de foufoune », mais il désigne aussi le jus de jujube et pourrait alors être assimilé à une autre expression mieux connue et bien plus vulgaire comme « raclure de bidet »...

De retour à Paris, je pense à Christine et je la revois le jour de son départ de Delhi. J'ai compris au moment où elle me quittait qu'elle avait l'intention de rompre. Son visage défait, son psychisme décomposé ne cessaient de hurler l'état de notre couple à mes oreilles.

Oui, il y avait la chaleur suffocante. Oui, il y avait la terrible crise qui la torturait et tout était à l'envers, à l'envers de ce jour où je l'avais retrouvée, le 28 juillet 2009 à dix heures trente. Elle était venue me rejoindre à cent-soixante-dix kilomètres à l'heure et là, elle repartait à la vitesse du son.

Elle souriait, riait et semblait si heureuse ce jour-là ! Et là, elle ne soufflait mot, semblait être à l'article de la mort et en grande souffrance psychologique.

Comment prétendre le contraire ? En Inde, j'ai vécu des moments… « delhirants », mais j'ai tout de même connu quelques instants de vrai bonheur. Ceux que j'ai passés à écrire ces lignes en font partie. Je souhaite que mes lecteurs aient autant de plaisir à les lire… Qu'ils me pardonnent si ce qui est écrit dans ce livre ne ressemble que de très loin à une carte postale, mais je ne vois qu'un mot, une formule, plutôt, pour résumer mon voyage :

« Delhi qu'essence ! »

DU MÊME AUTEUR

Le vin dans la bouteille

Le dragon et la coquille

La Symbolique du Tarot

La Symbolique médiévale

Petits cailloux sur le Chemin

Sourires d'enfants, souvenirs d'antan

Le Pavé Mosaïque ou la dualité réconciliée

Le symbolisme de la Flûte enchantée de Mozart